Expériences démocratiques et droit constitutionnel en Amérique latine

L'exemple du Brésil et du Chili

Droit comparé
Collection dirigée par Arnaud Martin

Parce que le droit ne peut plus être considéré dans sa seule dimension nationale et que son étude doit s'ouvrir aux droits étrangers, que l'analyse comparative permet de s'échapper des déterminismes qui faussent l'étude des systèmes juridiques et que l'étude des systèmes normatifs étrangers peut faciliter la recherche de réponses aux questions juridiques, la collection Droit comparé met à la disposition des chercheurs et des praticiens du droit un ensemble de travaux destinés à alimenter leur réflexion tout en donnant aux objectifs, aux méthodes et à l'utilité de l'analyse comparative une plus grande visibilité.
Elle publie des recherches en droit comparé ou accordant une place importante au comparatisme juridique, que ce soit en droit public ou en droit privé, en droit français ou en droit étranger, que celles-ci prennent la forme d'essais, d'actes de colloques ou de séminaires ou de thèses.
Elle est naturellement ouverte à toutes les écoles de pensée juridique, ainsi qu'aux recherches pluridisciplinaires dès lors qu'elles présentent une dominante juridique.

Déjà parus :

David CUMIN, *Le droit de la guerre. Traité sur l'emploi de la force armée en droit international. Premier volume*, 2015.
David CUMIN, *Le droit de la guerre. Traité sur l'emploi de la force armée en droit international. Volume II*, 2015.
David CUMIN, *Le droit de la guerre. Traité sur l'emploi de la force armée en droit international. Volume III*, 2015.

Sous la direction de
Arnaud Martin

Expériences démocratiques et droit constitutionnel en Amérique latine

L'exemple du Brésil et du Chili

L'Harmattan

5-7, rue de l'Ecole-Polytechnique, 75005 Paris

www.harmattan.com

ISBN : 978-2-343-12141-3
EAN : 9782343121413

Sommaire

PRÉSENTATION DES CONTRIBUTEURS

Jorge Barrientos-Parra : diplômé de l'Université de São Paulo, docteur de l'Université catholique de Louvain (Belgique), professeur de droit constitutionnel à l'Université d'État de São Paulo.

Andrés Bordalí Salamanca : diplômé de l'Université de Chili, docteur en droit de l'Université de Valladolid (Espagne), professeur de droit constitutionnel à l'Université Australe du Chili.

Laura Clérico : diplômée en droit de l'Université de Buenos Aires, docteur en droit de l'Université de Kiel (Allemagne), professeur de droit constitutionnel à l'Université de Buenos Aires (Argentine), professeur de droits de l'hommes à l'Université d'Erlangen/Nuremberg (Allemagne).

Lizandra de Fátima Donato : diplômée en écologie de l'Université d'État de São Paulo, diplomée en droit du Centre universitaire d'Araraquara (Brésil), diplômée en lettres de l'Université d'État de São Paulo, avocate au barreau de São Paulo.

Federico de Fazio : diplômé de philosophie du droit de l'Université de Buenos Aires (Argentine), chercheur à l'Université d'Erlangen/Nuremberg (Allemagne).

Andrea Lucas Garín : docteur en droit et en sciences sociales de l'Université nationale de Córdoba (Argentine), diplômée en droit international de l'Université d'Heidelberg et de l'Université du Chili, avocate de l'Université nationale de Córdoba, coordinatrice académique du Centre Heidelberg pour l'Amérique latine, chercheuse à l'Université Finis Terrae de Sangiago du Chili.

Arnaud Martin : docteur en droit, diplômé d'études approfondies en analyse politique comparée, maître de conférences HDR en droit public à l'Université de Bordeaux, membre du Centre d'études et de recherches comparatives sur les Constitutions, les libertés et l'État.

Felipe Paredes Paredes : docteur en droit de l'Université Pompeu Fabra de Barcelone (Espagne), diplômé en sciences juridiques et sociales de l'Université australe du Chili (Valdivia, Chili), professeur de droit à l'Université australe du Chili.

Jorge Alexander Portocarrero Quispe : docteur en droit de l'Université Christian-Albrechts de Kiel (Allemagne), professeur de philosophie du droit, de théorie des droits fondamentaux et d'argumentation juridique à l'Université San Martin de Porres (Lima, Pérou) et à l'Université de Piura (Pérou).

INTRODUCTION

Arnaud MARTIN

Les trois dernières décennies ont été marquées par une profonde transformation du droit constitutionnel latino-américain qui s'est traduite par deux phénomènes opposés aux effets convergents.

D'une part, un nombre non négligeable d'États, soit se sont dotés d'une nouvelle Constitution, soit ont profondément réformé la Constitution en vigueur, afin de mieux asseoir, sur le plan institutionnel, la démocratie libérale restaurée à la fin des années quatre-vingt et au début des années quatre-vingt-dix au cours de ce que Samuel Huntington a appelé la troisième vague de démocratisation [1] ; ce fut notamment le cas du Brésil en 1988 [2], de la Colombie en 1991 [3], du Paraguay en 1992 [4], du Pérou en 1993 [5], de l'Argentine en 1995 [6], de l'Équateur en 1998 [7] et du Chili en 2005 [8].

---

[1] Samuel P. Huntington, *The third wave: democratization in the late 20th century*, Norman, University of Oklamhoma Press, 1993.

[2] Constitution du 5 octobre 1988, <http://pdba.georgetown.edu/Constitutions/Brazil/vigente.html> (consulté le 4 avril 2017).

[3] Constitution du 20 juillet 1991, <http://pdba.georgetown.edu/Constitutions/Colombia/vigente.html> (consulté le 4 avril 2017).

[4] Constitution du 20 juin 1992 <http://pdba.georgetown.edu/Constitutions/Paraguay/para1992.html> (consulté le 4 avril 2017).

[5] Constitution du 29 décembre 1993, <http://pdba.georgetown.edu/Constitutions/Peru/per93reforms05.html> (consulté le 4 avril 2017).

[6] Constitution du 22 août 1994, <http://pdba.georgetown.edu/Constitutions/Argentina/argen94.html> (consulté le 4 avril 2017)/

[7] Constitution du 11 août 1998 <http://pdba.georgetown.edu/Constitutions/Ecuador/ecuador98.html> (consulté le 4 avril 2017).

[8] Constitution du 11 mars 1980 <http://pdba.georgetown.edu/Constitutions/Chile/vigente.html> (consulté le 4 avril 2017).

D'autre part, trois États ont adopté une nouvelle Constitution qui visait moins à conforter la démocratie libérale qu'à opérer une rupture plus ou moins radicale avec l'ordre idéologique et politique libéral dominant, dans le souci de répondre plus efficacement aux graves problèmes de pauvreté que connaît le sous-continent et aux conséquences délétères sur les régimes démocratiques que peuvent avoir les inégalités et l'exclusion. Le Venezuela en 1999 [1], l'Équateur en 2008 [2] et la Bolivie en 2009 [3] se sont ainsi écartés de l'orthodoxie libérale pour se tourner vers le socialisme.

Ces deux pratiques du pouvoir constituant étaient juridiquement et idéologiquement très différentes. La première, d'inspiration libérale, cherchait à moderniser les institutions politiques, à assurer un meilleur équilibre – ou un moindre déséquilibre – entre les pouvoirs et à mieux garantir les droits de l'homme. La seconde, d'inspiration socialiste, visait à instaurer un régime plus efficace sur le plan institutionnel, avec un renforcement des compétences du pouvoir exécutif et un affaiblissent de celles du pouvoir judiciaire, et la reconnaissance ou une meilleure protection d'un certain nombre de droits économiques, sociaux et culturels, notamment pour mieux prendre en compte la diversité sociétale des pays concernés.

Ainsi, à partir du début des années quatre-vingt-dix, l'Amérique latine a pris ses distances vis-à-vis du modèle étasunien qui fut longtemps une source d'inspiration pour les constituants de la région. Jusqu'alors, la stabilité de la Constitution de 1787 et du système politique nord-américain les avait conduits à considérer le régime des États-Unis comme un modèle à suivre, oubliant que les dispositions constitutionnelles ne sont pas importables *ex abrupto* et ne conviennent pas à tous pays ou à toutes les populations.

Diverses raisons de ce reflux de l'influence du constitutionnalisme étasunien en Amérique latine ont pu être avancées. La

[1] Constitution du 30 décembre 1999 <http://pdba.georgetown.edu/Constitutions/Venezuela/vigente.html> (consulté le 4 avril 2017).

[2] Constitution du 20 octobre 2008 <http://pdba.georgetown.edu/Constitutions/Ecuador/ecuador08.html> (consulté le 4 avril 2017).

[3] Constitution du 9 février 2009 <http://pdba.georgetown.edu/Constitutions/Bolivia/bolivia09.html> (consulté le 4 avril 2017).

fin de la Guerre froide conduisait à ne plus considérer l'œuvre des constituants latino-américains comme représentant un risque de voir l'URSS avancer ses pions dans la région. Quant aux États-Unis, ils ont cessé de faire rêver les démocrates, décrédibilisés par certaines pratiques peu conformes aux valeurs qu'ils étaient censés défendre – ingérences dans les affaires intérieures de certains pays, soutien à certains régimes autoritaires, poids politiques de grands groupes industriels avec l'aval de Washington, *etc.* En outre, la prise en compte des particularités de la culture politique, des spécificités des sociétés et des enseignements de l'histoire de l'Amérique latine – populisme, caudillisme, rôle politique de l'armée, place des minorités indigènes dans la société, enjeux environnementaux, *etc.* – ont conduit les constituants à faire des choix qui, dans d'autres régions du monde, notamment en Europe, auraient inévitablement conduit à une grave inefficacité, voire à un blocage, des institutions, si ce n'est un effondrement du régime démocratique.

L'étude des pratiques constitutionnelles de l'Amérique latine confirme ainsi que les modèles constitutionnels classiques – la séparation des pouvoirs, les critères d'appréciation de l'efficacité des régimes politiques, *etc.* – sont difficilement transposables et que les décalages entre la théorie et la pratique rendent, non seulement vaine toute démarche tendant à s'inspirer des expériences de pays étrangers, mais arbitraire toute tentative de prévision des chances de réussite des institutions politiques mises en place dans les nouvelles démocraties. Souvent, le choix de la méthode qui préside à l'élaboration des nouvelles Constitutions ou à la révision des Constitutions existantes a de fortes implications sur la réussite ou l'échec des processus constituants. En outre, le droit constitutionnel est inévitablement perméable à des tendances dominantes de la doctrine, variables selon les époques. L'attachement au régime parlementaire, l'instauration de mécanismes du parlementarisme rationalisé, la définition et la défense des droits fondamentaux, le développement de la justice constitutionnelle, *etc.*, sont autant d'avancées significatives dans le sens d'un renforcement de l'efficacité des institutions politiques et de l'autorité de la norme constitutionnelle. Ils sont aussi des priorités des constituants qui varient plus selon les époques que selon les priorités pratiques. Ainsi en est-il de l'Amérique latine et des pratiques constituantes des deux dernières décennies.

C'est ainsi que le néoconstitutionnalisme est très influent en Amérique latine. Les auteurs latino-américains sont nombreux à défendre et à diffuser cette doctrine [1]. Pour autant, le néoconstitutionnalisme fait l'objet de critiques récurrentes tenant essentiellement, selon ses détracteurs, à la diversité des interprétations et des pratiques qu'autorise sa relative imprécision.

Comme le montrent Laura Clérico et Federico de Fazio dans leur contribution, le concept de constitutionnalisme méthodologique présente une certaine ambiguïté liée à l'imprécision des deux termes accolés. Ces deux auteurs s'interrogent tout d'abord sur définition à donner à la notion de constitutionnalisme, celle-ci pouvant faire l'objet d'une approche, soit institutionnelle, le constitutionnalisme se référant à une pratique juridique qui reconnaît dans la Constitution une loi fondamentale ou supérieure, soit idéologique, le constitutionnalisme devant être compris comme un ensemble de techniques juridiques permettant d'atteindre un objectif idéologique (social, libéral, *etc.*), soit juridique, le constitutionnalisme étant alors, en faisant l'objet d'une « reconstruction conceptuelle », une « institution dans la perspective du participant ».

Laura Clérico et Federico de Fazio retiennent finalement cette troisième approche, et ils appréhendent le constitutionnalisme comme une théorie de l'argumentation juridique. Ils défendent ainsi l'hypothèse selon laquelle le constitutionnalisme méthodologique aurait pour but « la reconstruction de règles rationnelles de l'argumentation juridique fondée sur des normes constitutionnelles ». Ils soulignent le fait que les normes constitutionnelles sont largement indéterminées, tout en estimant que

---

[1] Voir notamment Carlos Bernal Pulido, *El Neoconstitucionalismo a Debate*, Bogota, Universidad Externado de Colombia, 2010 ; du même auteur, *Du néoconstitutionnalisme en Amérique latine*, Paris, L'Harmattan, coll. « Droit comparé », 2015 ; Gilmar Ferreira Mendes, Inocêncio Mártires Coelho, Paulo Gustavo Gonet Branco, *Curso de Direito Constitucional*, São Paulo, Saraiva, 2ª ed. 2008, p. 127. Sur la question, voir également Miguel Carbonell, *Neoconstitucionalismo(s)*, Madrid, Editorial Trotta, 2005.

cela ne nuit pas à la rationalité de l'argumentation juridique fondée sur elles, rationalité dont la théorie juridique peut rendre compte. C'est ainsi qu'après une présentation des règles de l'interprétation constitutionnelle, les auteurs étudient les règles de l'argumentation qui structurent le contrôle de proportionnalité, partant du principe qu'une « théorie constitutionnaliste méthodologique » ne peut exister sans rationalité de l'argumentation constitutionnelle.

Dans sa contribution, Jorge Alexander Portocarrero Quispe se montre plus réservé à l'égard du néoconstitutionnalisme, qu'il apparente au Golem, cette créature de l'imaginaire hébraïque dépourvue de volonté propre, supposée agir conformément à des instructions écrites, mais se retrouvant parfois hors de contrôle et causant aux Juifs des catastrophes dont elle était censée les protéger. Le néoconstitutionnalisme serait artificieux et contre-productif, sans contenu théorique propre, et source de pertes de temps et de confusions en amalgamant arbitrairement, sans fondement ni utilité, des théories et des auteurs. Il viserait ainsi à créer une théorie du droit, soit pour défendre la théorie de la Constitution, soit pour la critiquer.

Jorge Alexander Portocarrero Quispe reprend ainsi les quatre caractéristiques des théories du néoconstitutionnalisme dégagées par Susanna Pozzolo : la reconnaissance et la distinction des règles et des principes qui constituent deux types de norme, le choix de la pondération comme standard méthodologique pour l'interprétation des normes ayant le caractère de principes, l'affirmation de la constitutionnalisation du système juridique grâce à l'effet de rayonnement des droits fondamentaux, et la défense du renforcement du juge constitutionnel face à l'affaiblissement du législateur démocratique.

La question de l'interprétation de la norme constitutionnelle est d'autant plus importante en Amérique latine que, dans cette région, le constituant retient généralement le régime présidentialiste qui se caractérise par une forte prédominance du président de la République, l'affaiblissement du Parlement et une indépendance parfois insuffisante du pouvoir judiciaire, schéma institutionnel peu propice à un exercice modéré du pouvoir politique et une parfaite protection des droits et libertés fondamentaux. Pour autant, le régime présidentialiste ne se traduit pas systématiquement par une dérive autoritaire du régime. Bien au contraire, la pratique institutionnelle des vingt-cinq dernières années confirme que ce régime est adapté à la culture politique latino-américaine, les populations étant attachées au maintien d'un Président fort incarnant l'autorité et l'ordre, ce qui ne va pas forcément à l'encontre du régime démocratique, même si les risques de dérive autoritaire sont réels, comme le confirme l'histoire de l'Amérique latine qui en offre de trop nombreux exemples.

Ainsi, depuis son accession à l'indépendance en 1810, le Chili connaît une tradition constitutionnelle présidentialiste très marquée qui se traduit par un fort déséquilibre des pouvoirs au profit du président de la République et un empiétement important du pouvoir exécutif sur les pouvoirs législatif et judiciaire, alors même que le constituant a fait, en théorie, le choix du régime présidentiel, lequel se définit par une séparation stricte des pouvoirs.

Ce déséquilibre institutionnel induit par la remise en cause du principe de séparation stricte des pouvoirs, auquel Andrés Bordali Salamanca et Felipe Paderes Paderes consacrent leur contribution, constitue, selon ces auteurs, une « anomalie » du système constitutionnel chilien. Mais la confrontation de l'analyse exégétique du texte constitutionnel à la pratique des institutions les conduit à affirmer que l'origine de cette prédominance présidentielle ne réside pas dans la définition, par la Constitution, de la répartition des compétences entre les pouvoirs, laquelle favoriserait le Président, mais dans une interprétation abusive de la nature des fonctions législative et judiciaire. Cela se traduit par une « asymétrie » d'autorité entre les pouvoirs. Le Président, particulièrement puissant, impose sa volonté au Congrès qui lui est subordonné et qui ne peut exercer ni une fonction législative autonome ni une fonction de contrôle effective.

En outre, et cela peut sembler particulièrement préoccupant pour l'État de droit, voire pour l'avenir du régime démocratique chilien, le Président a un pouvoir d'influence important sur le pouvoir judiciaire, celui-ci intervenant, tant dans la nomination et la démission des magistrats que dans l'activité juridictionnelle. Ainsi, alors même que la Constitution, dans son article 76, confère l'exclusivité de la fonction judiciaire aux magistrats, diverses dispositions constitutionnelles permettent au Président de s'immiscer dans la fonction juridictionnelle. Or, l'indépendance de la magistrature, tant sur le plan statutaire que sur le plan fonctionnel, est une garantie de l'impartialité des juges et de la neutralité politique des décisions qu'ils rendent. À l'inverse, l'immiscion du pouvoir exécutif dans la fonction juridictionnelle peut faire craindre une politisation de celle-ci, ouvrant la porte à tous les abus qui sont généralement l'apanage des régimes autoritaires.

Ainsi, comme le notent Andrés Bordali Salamanca et Felipe Paderes Paderes, le régime présidentialiste chilien s'écarte sensiblement du modèle classique du régime présidentiel, et cela conduit à s'interroger sur l'avenir de la démocratie chilienne, celle-ci dépendant très largement, voire excessivement, de l'idée que se fait le Président de sa fonction. La Constitution chilienne donne une grande latitude au Président pour définir celle-ci ; l'article 24 énonce, en effet, que « son autorité s'étend à tout ce qui a pour objet la conservation de l'ordre public sur le plan intérieur et la sécurité externe de la République, conformément à la Constitution et aux lois ». Cela semble bien insuffisant pour limiter les risques de dérive autoritaire, et lorsque la nature d'un régime politique dépend moins du texte constitutionnel que de l'interprétation qui peut en être faite, et que la consolidation démocratique est encore fragile, un tel risque de confusion des pouvoirs peut légitimement susciter des craintes de voir ressurgir un passé relativement récent.

Cette analyse inquiète du non-respect du principe de séparation des pouvoirs au Chili, que ne peut que conforter une analyse objective de l'histoire politique du Chili et, plus largement, de l'Amérique latine, mérite cependant d'être nuancée. Tel est l'objectif d'Andrea Lucas Garín qui, dans sa contribution sur les particularités du principe de séparation des pouvoirs dans le système constitutionnel chilien, souligne très justement que le principe de séparation des pouvoirs est susceptible de faire l'objet d'interprétations et d'applications diverses selon les époques, les sociétés, les cultures, *etc.* Ainsi, le régime présidentialiste chilien, instauré par la Constitution de 1980 sous la dictature du général Pinochet, et que la transition démocratique de 1989 n'a pas remis fondamentalement en cause, apparaît largement comme le fruit d'une pratique des institutions qui s'inscrit dans le long terme – près de quarante années – et qui, malgré la confusion des pouvoirs et l'hypertrophie de la fonction présidentielle, a favorisé la consolidation du régime démocratique.

Comme le rappelle utilement Andrea Lucas Garín, le principe de séparation des pouvoirs vise, d'une part, à éviter une dérive autoritaire du régime, le pouvoir arrêtant le pouvoir, d'autre part, à garantir l'effectivité des droits et libertés. Par ailleurs, ces deux objectifs de la séparation des pouvoirs sont liés : non seulement la modération du pouvoir doit permettre une meilleure garantie des droits et des libertés, mais l'absence de droits et de libertés à garantir rendrait vaine toute modération du pouvoir.

Cette approche de la complémentarité du principe de séparation des pouvoirs et de la garantie des droits et libertés est particulièrement importante pour comprendre la place fondamentale qu'occupe la justice constitutionnelle dans un État démocratique de droit. Certes, la protection des droits et libertés fondamentaux peut être assurée par les juridictions ordinaires, mais l'existence d'une juridiction constitutionnelle permet de développer un contrôle concentré de constitutionnalité et donc d'avoir une définition et une interprétation uniques des droits et libertés fondamentaux, ce que ne garantit pas un contrôle diffus.

La séparation des pouvoirs est donc au cœur de la question de la stabilité de la démocratie libérale : non seulement elle limite l'autorité du pouvoir politique, mais elle permet une protection effective des droits et libertés fondamentaux. Or, le principe de séparation des pouvoirs peut faire l'objet d'interprétations et d'applications dépendant du contexte socioculturel, lequel est susceptible d'évoluer. Doit-on donc en conclure que l'effectivité de la protection des droits et libertés fondamentaux est à la merci d'un changement du contexte socioculturel, puisque celle-ci peut conduire à une évolution de l'interprétation du principe de la séparation des pouvoirs, et donc des rapports entre les pouvoirs ?

À cette question, il convient d'apporter une réponse nuancée. Comme le note très justement Andrea Lucas Garín, il convient de replacer le principe de séparation des pouvoirs dans une « perspective globale » qui prend en compte la réalité normative et institutionnelle éminemment plus complexe que celle exposée par Montesquieu dans *De l'Esprit des lois*. On ne peut plus, au XXIe siècle, se contenter d'appréhender les pouvoirs exécutif, législatif et judiciaires. Ceux-ci concentrent, bien évidemment, l'essentiel du pouvoir politique : l'élaboration et l'application de la norme juridique et la sanction de son non-respect sont en effet pris en compte, mais, dans les sociétés contemporaines, plus complexes et hétérogènes que celles du XVIIIe siècle, il existe d'autres sources, souvent diffuses et mal définies, d'autorité politique. Le pouvoir ne réside pas uniquement au palais présidentiel, dans les assemblées parlementaires ou dans les différentes juridictions. Dès lors, on peut fort bien être en présence d'un système de séparation des pouvoirs qui temporise le pouvoir politique et protège alors les droits et libertés des citoyens alors même que les trois pouvoirs exécutif, législatif et judiciaires ne sont pas strictement séparés et que le système institutionnel est marqué par une prédominance du pouvoir exécutif, en l'occurrence du pouvoir présidentiel, sur les deux autres.

Ainsi, la prise en compte de facteurs politiques, économiques et sociaux peut conduire à une séparation des pouvoirs présentant des caractéristiques propres et qui ne rentrent pas forcément dans les moules académiques. Andrea Lucas Garín invite ainsi le lecteur à s'écarter de la « doctrine pure de la séparation des pouvoirs » et à envisager une autre interprétation, plus moderne, de la théorie de Montesquieu. Seule l'indépendance du pouvoir judiciaire lui paraît être indispensable, la séparation des pouvoirs exécutif et législatif n'ayant, à ses yeux, qu'une importance relative.

Certes, à côté des organes traditionnels, au premier rang desquels elle place la Cour constitutionnelle, d'autres organes, comme la Banque centrale ou le Conseil national de la télévision, qu'Andrea Lucas Garín qualifie de « subsidiaires », contribuent à la protection des droits et des libertés. De moindre importance, avec des fonctions plus ciblées, ils sont la marque de l'évolution de la société. De même, le système partisan est un facteur essentiel de compréhension de la nature réelle de la séparation des pouvoirs au Chili. Il contribue notamment à limiter risques que pourrait faire courir au régime démocratique l'hypertrophie de la fonction présidentielle au sein du régime chilien. Mais, en définitive, Andrea Lucas Garín montre que c'est la justice constitutionnelle qui constitue le meilleur garant du régime démocratique chilien en limitant les risques de dérive autoritaire induits par la prééminence de la fonction présidentielle et l'imparfait respect du principe de séparation des pouvoirs.

L'importance de l'indépendance de la justice pour garantir le caractère démocratique du régime politique lorsque les institutions sont marquées par une prédominance de la fonction présidentielle et une imparfaite séparation des pouvoirs est un point que l'on retrouve dans de nombreux régimes présidentialistes latino-américains. L'exemple brésilien, auquel Jorge Barrientos-Parra et Lizandra de Fátima Donato consacrent leur contribution au présent ouvrage collectif est, à ce titre, riche d'enseignements.

Il apparaît, en effet, que le constituant brésilien a choisi d'instaurer, en 1988, un régime politique que certains auteurs appellent le « présidentialisme de coalition ». Il s'agit là d'un régime caractérisé par la combinaison du fédéralisme, de la représentation proportionnelle, du multipartisme, du présidentialisme et de l'exercice du pouvoir par des coalitions partisanes. Le présidentialisme de coalition serait ainsi le produit de la combinaison de plusieurs facteurs institutionnels et partisans qui, *a priori*, devraient avoir des effets délétères sur le fonctionnement des institutions et le caractère démocratique du régime, ce que les faits ne confirment pas. Comment donc expliquer l'efficacité du système institutionnel brésilien qui vient infirmer les craintes qu'il pouvait légitimement inspirer, notamment en raison de l'hétérogénéité des intérêts défendus par les coalitions au pouvoir ? C'est là la question au centre de l'étude de Jorge Barrientos-Parra et de Lizandra de Fátima Donato.

Ces derniers affirment, en effet, qu'il n'y a pas lieu de remettre en cause l'efficacité du présidentialisme de coalition, en raison des mécanismes de freins et contrepoids assurés par le pouvoir judiciaire et qui apportent au système la gouvernabilité qui, *a priori*, lui ferait défaut. Celui-ci garantit les droits sociaux reconnus aux catégories sociales les moins favorisées, protège les libertés publiques et s'oppose aux risques de dérive autoritaire du pouvoir. Pour autant, nous serions tentés de penser que le rôle important joué par le pouvoir judiciaire ne saurait tempérer le danger que représente la séparation stricte des pouvoirs sur le plan organique avec l'absence de motion de censure, de question de confiance et de droit de dissolution.

Selon Jorge Barrientos-Parra et Lizandra de Fátima Donato, le choix du régime présidentiel, confirmé par le peuple brésilien lors du plébiscite du 21 avril 1993[1], s'imposait, car il répond parfaitement à l'aspiration de celui-ci à avoir un chef lui servant de guide, ce que les auteurs appellent le « caudillisme brésilien ». Le Président doit ainsi avoir, non seulement les capacités du chef d'État, mais aussi les qualités du *pater familias*, rassurant et protecteur, inspirant respect et confiance, et l'objectif est d'autant plus difficile à atteindre que la classe politique brésilienne est régulièrement éclaboussée par les scandales politico-financiers. Par ailleurs, l'hétérogénéité de la société brésilienne et la diversité des intérêts régionaux et des minorités à satisfaire confortent la nécessité pour le Président d'être soutenu par un grand parti politique bien représenté au niveau des États fédérés et des collectivités locales et permettant d'expliquer à la population la politique menée par l'exécutif, lequel étant à l'origine de l'essentiel de la législation nationale.

Ces caractéristiques du régime politique brésilien rendent indispensable l'existence d'un pouvoir judiciaire indépendant et modérateur, assumant la fonction de frein et de contrepoids face à un pouvoir exécutif que Jorge Barrientos-Parra et Lizandra de Fátima Donato qualifient d' « impérial ». Ce pouvoir judiciaire est une garantie essentielle du régime démocratique : il assure une fonction d'arbitrage entre les pouvoirs exécutif et législatif

---

[1] Ce plébiscite a également été l'occasion pour les Brésiliens de réaffirmer leur attachement à la république.

et garantit la suprématie de la Constitution par le contrôle de constitutionnalité opéré par le Tribunal fédéral suprême. Dans le même sens, la Constitution a renforcé les compétences du ministère public et le rôle des avocats. En outre, le pouvoir judiciaire est capable d'influencer l'élaboration et l'application des politiques publiques. Enfin, le Tribunal fédéral suprême a joué un rôle important d'épuration de la classe politique brésilienne en condamnant d'anciens hauts dirigeants politiques pour corruption.

En outre, la Chambre des députés et le Sénat, bien qu'ayant des compétences législatives limitées, jouent un rôle important dans la démocratie brésilienne. Ils sont le cadre des débats politiques les plus importants, et ils peuvent prononcer l'*impeachment* contre le président de la République, comme ce fut le cas à l'égard du Président Collor de Mello qui préféra démissionner après l'engagement de la procédure par les députés le 29 septembre 1992 [1].

Ainsi, si le régime politique brésilien se caractérise par une forte présidentialisation, l'autorité du chef de l'État se retrouve limitée par l'existence de contre-pouvoirs qui garantissent la stabilité du régime démocratique, et c'est cette combinaison du présidentialisme et des mécanismes de freins et contrepoids qui assure l'efficacité des institutions. Mais, plus encore, c'est la grande légitimité populaire dont jouissent les institutions politiques brésiliennes qui assure au régime démocratique une grande stabilité.

Il se trouve, en effet, que la Constitution brésilienne a été adoptée à la suite d'un processus constituant dans lequel le peuple a été invité à jouer un rôle extrêmement important. Il s'agit là d'une spécificité de cette Constitution, sans équivalent dans le monde. C'est à ce thème que Jorge Barrientos-Parra consacré sa seconde contribution au présent ouvrage.

Au sortir d'une longue période de régime autoritaire, il est apparu nécessaire, non seulement, bien entendu, d'engager un processus de transition démocratique, mais aussi d'assurer les

---

[1] Sur la question, voir notamment Stéphane Monclaire, « Le quasi-impeachment du Président Collor. Questions sur la "consolidation de la démocratie" brésilienne », *RFSP*, 1994, p. 23-48.

conditions d'une consolidation démocratique rapide afin d'éviter les risques d'un retour au régime précédent. C'est la raison pour laquelle la place accordée à la participation populaire a été particulièrement importante.

Il convenait, tout d'abord, de permettre la reconnaissance la plus large possible des droits individuels, sociaux, politiques et économiques, au profit notamment des catégories sociales les plus défavorisées, alors même que les conservateurs étaient majoritaires au sein de l'Assemblée nationale constituante. L'objectif dépassait ainsi la simple restauration de la démocratie libérale et de l'État de droit, et il fallait répondre aux aspirations de la population brésilienne à la justice, tout en garantissant la « moralité administrative » et en organisant la lutte contre la corruption.

La participation populaire au processus constituant a été sans précédent. Comme le montre Jorge Barrientos-Parra, la commission de la Constitution et de la justice du Sénat fédéral a cherché à mobiliser la société brésilienne en mettant à sa disposition, sur l'ensemble du territoire, notamment dans les bureaux de vote, des formulaires à remplir pour transmettre des suggestions au constituant. Dans le même sens, de nombreuses consultations publiques ont été réalisées dans les différentes sous-commissions thématiques de l'Assemblée constituante. Enfin, de nombreuses propositions populaires d'amendements ont été transmises à ladite Assemblée, enrichissant le débat constituant et permettant de nombreuses avancées, notamment en ce qui concerne les droits sociaux, le contrôle populaire des dépenses publiques, ou encore la démocratisation de la gestion de la santé, de l'éducation et de la culture.

Il apparaît ainsi, notamment au regard de la pratique institutionnelle et politique brésilienne des trois dernières décennies, que les chances de réussite de la consolidation démocratique dépendent largement des conditions d'élaboration du texte constitutionnel, et qu'une large participation de la population est un gage de légitimité démocratique des nouvelles institutions, de satisfaction des aspirations du peuple et, par conséquent, de stabilité du régime démocratique.

LE CONCEPT DECONSTITUTIONNALISME MÉTHODOLOGIQUE

Laura CLÉRICO
Federico DE FAZIO

Dans la présente contribution [1], nous souhaitons défendre la thèse selon laquelle le concept de « constitutionnalisme méthodologique » permet d'englober toutes les théories juridiques qui constituent un cas particulier de la théorie constitutionnelle en cherchant à reconstruire des règles rationnelles de l'argumentation juridique fondée sur des normes constitutionnelles. Toutefois, ledit concept souffre d'ambiguïtés et peut susciter une objection fondamentale.

Les ambiguïtés sont liées au fait que l'on doit définir ce que l'on entend par « constitutionnalisme » et par « méthodologie » ; nous y consacrerons la première partie de notre texte. Une fois le concept précisé, il conviendra d'analyser l'une des objections possibles, l'*objection d'irrationalité pour cause d'indétermination* des normes constitutionnelles, ce que nous ferons dans une deuxième partie. La réponse faite à cette objection soutient que le fait que la majorité des normes constitutionnelles soit indéterminée n'a pas pour conséquence que l'argumentation sur leur fondement soit irrationnelle ni qu'il soit impossible de reconstruire une théorie juridique qui rende compte de telles pratiques du point de vue du participant, et cela en raison du fait qu'il peut être démontré que les fondements juridiques des pratiques constitutionnelles sont déterminés par les règles de l'argumentation juridique rationnelle. Cet argument sera présenté lorsque nous évoquerons les règles ration-

[1] Les auteurs tiennent à remercier le professeur Jan-R. Sieckmann pour sa lecture critique du présent texte et les observations dont il a bien voulu nous faire part.

nelles de l'interprétation constitutionnelle, ce que nous verrons en troisième partie, et les règles du contrôle de proportionnalité, qui feront l'objet de la quatrième partie.

Le concept de constitutionnalisme méthodologique

Avec l'expression « constitutionnalisme méthodologique », nous proposons d'englober dans un même concept une succession de reconstructions théoriques qui rendent compte des pratiques constitutionnelles actuelles [1]. Toutefois, à première vue, les deux termes qui composent le concept peuvent prêter à confusion. C'est la raison pour laquelle ils doivent être, au préalable, précisés.

Le constitutionnalisme comme théorie

Le terme « constitutionnalisme » revêt au moins trois acceptions [2]. Le « constitutionnalisme » compris comme *institution* se réfère à une certaine pratique juridique liée aux ordres juridiques qui reconnaissent une Constitution (écrite) comme une loi fondamentale ou supérieure [3]. Le « constitutionnalisme » comme *idéologie* doit être compris comme un ensemble de techniques visant à atteindre certains objectifs ou certains buts, et l'on parle ainsi de constitutionnalisme libéral, de constitutionnalisme social, ou encore de constitutionnalisme internatio-

---

[1] Les pratiques constitutionnelles depuis le milieu du XXe siècle se caractérisent par au moins trois fait : (i) la reconnaissance appuyée de droits dans les Constitutions, ce qui aggrave le risque de conflits entre les droits puisqu'il est peu plausible de penser que le droit qui finit par sortir vainqueur du conflit « déroge » à l'autre droit, ce qui se produirait si les droits étaient seulement des règles ; (ii) la reconnaissance que certaines dispositions des normes constitutionnelles ou certains droits de l'homme s'appliquent comme des règles (notamment l'interdiction de la torture, de la traite d'êtres humains et de l'esclavage) et d'autres comme des principes (la liberté de la presse, le droit au développement de la personnalité, le droit à la vie privée, *etc.*) ; (iii) le fait que les tribunaux, les cours constitutionnelles et les tribunaux de protection internationale des droits de l'homme utilisent la méthode de la pondération pour résoudre les conflits entre des droits ou des principes.

[2] R. Guastini, « La constitucionalización del ordenamiento jurídico: el caso italiano », *in* M. Carbonell, *Neoconstitucionalismo(s)*, Madrid, Trotta, p. 49.

[3] *Idem.*

nalisé [1] [2]. Le « constitutionnalisme » comme *théorie juridique* se réfère à une certaine reconstruction conceptuelle qui se propose de rendre compte du « constitutionnalisme » en tant qu'*institution* dans la *perspective du participant.* Nous ne retiendrons ici que la troisième acception, c'est-à-dire le « constitutionnalisme » comme *théorie juridique.*

Le constitutionnalisme méthodologique comme théorie de l'argumentation juridique

Le terme « méthodologique » est utilisé comme synonyme de procédure rationnelle pour l'interprétation et l'application du droit. La reconstruction théorique de ladite procédure est l'objet de la théorie de l'argumentation juridique [3]. Ce sens du terme « méthodologique » distingue le concept de « constitutionnalisme méthodologique » proposé ici du concept qui a rendu célèbre le professeur Paolo Comanducci [4].

Paolo Comanducci reprend la distinction entre les trois acceptions du positivisme juridique élaboré par Norberto Bobbio en 1965 et leur transposition au concept de « constitutionnalisme » en tant que *théorie juridique.* Ainsi, il soutient qu'il existe un « constitutionnalisme » au sens théorique, idéologique et méthodologique. Selon Paolo Comanducci, le « constitution-

---

[1] J. Aguiló Regla, « Sobre las contradicciones (tensiones) del constitucionalismo y las concepciones de la constitución », 2008, http://juridicas.ucaldas.edu.co/downloads/juridicas5(1)_2.pdf.

[2] Le constitutionnalisme libéral pour limiter l'exercice arbitraire du pouvoir étatique ; le constitutionnalisme social pour permettre l'exercice du pouvoir étatique et, à son tour, pour limiter l'exercice des pouvoirs des groupes privés et donner la primauté au mouvement ouvrier et, actuellement, aux personnes ou aux groupes placés dans des situations d'inégalité structurelle ; et le constitutionnalisme internationalisé, qui cherche à renforcer la limite de l'exercice du pouvoir étatique et des acteurs non gouvernementaux transnationaux à travers la création d'une protection internationale des droits de l'homme. Sur ces divers mouvements du constitutionnalisme, *cf.* R. Gargarella, *Latin American Constitutionalism, 1810-2010. The Engine Room of the Constitution*, Oxford, OUP, 2013, chap. 1.

[3] R. Alexy, « Two or Three », *Archiv für Rechts-und Sozialphilosophie* (*ARSP*), n° 119, 2010, p. 9-18.

[4] P. Comanducci, « Formas de (neo)constitucionalismo: un análisis metateórico », *in* M. Carbonell (ed.), *Neoconstitucionalismo(s)*, Madrid, Trotta, 2003, p. 82.

nalisme méthodologique » est compris comme une approche pour l'analyse du droit qui présuppose une nécessaire relation entre le droit et la morale [1]. Toutefois, cette conceptualisation est confuse pour deux raisons fondamentales.

La première est qu'il existe un certain nombre de doutes quant à savoir si les catégories utilisées pour différencier les sens de « positivisme juridique » sont adéquates pour différencier les sens de « constitutionnalisme », ceci au motif que les concepts qui font l'objet de comparaison ne sont pas limités. Le concept contraire à celui de « positivisme juridique » est celui de « non-positivisme ». Ces concepts relèvent de la philosophie et de la théorie du droit. En revanche, le concept contraire au « constitutionnalisme » est le « légalisme [2] ». Ces concepts relèvent de la théorie constitutionnelle. L'hypothèse avancée par Paolo Comanducci est que le « positivisme juridique » et le « constitutionnalisme » sont des concepts contraires situés à un même niveau. Ceci est inexact. Par conséquent, en raison de l'absence de limites déjà mentionnée, la distinction que propose Paolo Comanducci n'est pas claire.

La seconde raison, qui est en même temps la preuve de la précédente, et que toute théorie juridique « constitutionnaliste méthodologique » ne suppose pas qu'il existe une relation nécessaire entre le droit et la morale, c'est-à-dire une théorie non positiviste du droit. La théorie « spécificationniste » du professeur Josep Moreso [3] en est un exemple. La notion ici proposée doit être distinguée de celle proposée par Paolo Comanducci.

---

[1] *Ibid.*, p. 87.

[2] R. Alexy, « Rechtssystem und Praktische Vernunft », *Recht, Vernunft, Diskurs*, Frankfurt A/M, Suhrkamp, 1995, p. 213 et s..

[3] La proposition de Josep Moreso se structure en cinq étapes : « a) la délimitation du problème normatif que représente le cas, b) l'identification des règles applicables *prima facie* au domaine d'action délimité en a), c) la considération de « cas paradigmatiques » déterminés, réels ou hypothétiques, du domaine normatif sélectionnés à l'étape a), qui auraient pour fonction de délimiter ou de restreindre le domaine de reconstructions admissibles, d) la détermination des propriétés significatives du problème normatif, et e) la formulation des règles qui résolvent d'une façon univoque tous les cas de l'univers du discours ». Josep Moreso signale que le fait qu'un principe soit plus vague ou abstrait n'a pas pour conséquence qu'il n'ait pas une signification qui nous permette de reconstruire les cas paradigmatiques hypothétiques ou réels (y

Ainsi, nous soutenons que le « constitutionnalisme méthodologique » est une partie spéciale de la théorie constitutionnelle qui se consacre à la reconstruction [1] de règles rationnelles de l'argumentation juridique fondée sur des normes constitutionnelles[2]. Sous ledit concept sont réunies toutes les théories juridiques qui reconstruisent la structure des arguments que l'on utilise pour justifier des décisions normatives constitutionnelles.

L'objection au concept de constitutionnalisme méthodologique

Une fois délimité le concept de « constitutionnalisme méthodologique », il convient d'envisager les objections qu'un tel type de théorie peut susciter. Pour des raisons de longueur, nous n'en évoquerons qu'une. Celle-ci peut-être appelée l'*objection d'irrationalité par indétermination* [3]. Une telle objection soutient :

1) que les normes constitutionnelles sont très indéterminées ;

---

compris s'il n'existe pas de « précédents » au sens technique) ; *cf.* J. Moreso, « Conflictos entre principios constitucionales », *in La Constitución: un modelo para armar*, Barcelona, Marcial Pons, 2009.

[1] Nous retenons une perspective reconstructive, dans la mesure où nous prenons en considération « la façon dont les juristes, en particulier les constitutionnalistes, parlent du thème », et où nous analysons « les éléments constitutifs desdits discours, tant sur un fondement théorique que dans l'exercice judiciaire dans la pratique » (R. Arango, *El concepto de derechos sociales fundamentales*, Bogotá, Legis, 2012, p. XXIV).

[2] Voir en ce sens R. Alexy, *Teoría de los Derechos Fundamentales*, Madrid, Centro de Estudios Constitucionales, 2008 ; R. Arango, *op. cit.* ; M. Atienza et J. Ruiz Manero, *Las piezas del derecho*, Barcelona, Ariel, 2004 ; M. Borowski, *Grundrechte als Prinzipien*, Baden-Baden, Nomos, 2000 ; C. Bernal Pulido, *Los derechos fundamentales y el principio de proporcionalidad*, Madrid, Centro de Estudios Políticos y Constitucionales, 2006, L. Clérico, *Die Struktur der Verhältnismäßigkeit*, Baden-Baden, Nomos, 2001 ; D. Martínez Zorrilla, *Conflictos constitucionales, ponderación e indeterminación normativa*, Barcelona, Marcial Pons, 2007 ; J. Moreso, « Conflictos entre principios constitucionales », *in La Constitución: un modelo para armar*, Barcelona, Marcial Pons, 2009 ; J. Sieckmann, *El modelo de los principios del derecho*, Bogotá, Universidad Externado de Colombia, 2006.

[3] Voir par exemple E. Böckenförde, *Escritos sobre derechos fundamentales*, Baden-Baden, Nomos, 1993, p. 154 ; D. Mendonca et R. Guibourg, *La odisea Constitucional. Constitución, teoría y método*, Barcelona, Marcial Pons, 2004, p. 91 et s..

2) que, pour cette raison, l'argumentation juridique fondée sur de telles normes est irrationnelle ;

3) qu'il en résulte qu'une théorie juridique ne peut pas reconstruire analytiquement des règles ou des critères méthodologiques qui rendent compte de façon cohérente des fondements des décisions juridiques.

On peut être d'accord avec la thèse 1. En effet, les normes constitutionnelles sont généralement (quoique pas toujours) plus indéterminées que d'autres normes juridiques sur un plan sémantique ou structurel. Toutefois, il faut se demander si l'on doit nécessairement en déduire les thèses 2 et 3, c'est-à-dire que l'argumentation constitutionnelle est irrationnelle et qu'il n'est pas possible d'élaborer une théorie qui fonde cette pratique.

Nous pensons que les thèses 2 et 3 ne se déduisent pas nécessairement de la thèse 1. Plus précisément, le fait que les normes constitutionnelles soient indéterminées n'a pas pour conséquence que l'argumentation sur la base de celles-ci soit irrationnelle ni qu'il soit impossible de reconstruire une théorie juridique qui rende compte de telles pratiques du point de vue du participant.

Une telle thèse est fondée sur deux arguments. Le premier argument est de type analytique et soutient que l'objection d'*irrationalité par indétermination* tient compte de la distinction structurelle entre les règles et les principes. Cet argument ne sera pas traité ici, et nous renvoyons le lecteur à d'autres travaux pour une justification d'une telle distinction [1]. Le second argument est de type méthodologique et soutient qu'il peut être démontré que le fondement juridique des pratiques constitutionnelles est déterminé par des règles de l'argumentation juridique rationnelle.

Nous développerons ci-après ce second argument qui, parce qu'il est justifié, confirme notre thèse et rend compte indirecte-

---

[1] *Cf.* R. Alexy, « Zum Begriff des Rechtsprinzips », *Rechtstehorie*, Beiheft 1, Berlin, 1979 ; R. Alexy, *Teoría de los Derechos Fundamentales*, *op. cit.*, chap. III ; J. Sieckmann, *Regelmodelle und Prinzipienmmodelle des Rechtssystems*, Baden-Baden, Nomos, 1990, 1. II ; J. Sieckmann, *El modelo de los principios del derecho*, *op. cit.* ; J. Sieckmann, *Recht als Normatives System*, Baden-Baden, Nomos, 2009, chap. I et II.

ment de la potentialité descriptive du concept de « constitutionnalisme méthodologique ».

Nous structurerons notre argument en deux parties : dans un premier temps, nous exposerons brièvement les règles de l'interprétation constitutionnelle, puis, dans un second temps, nous présenterons les règles de l'argumentation qui structurent ce que l'on appelle le contrôle de proportionnalité.

Les règles de l'interprétation constitutionnelle : le texte, les précédents et la dogmatique

Un premier niveau de questionnement posé par l'objection d'*irrationalité par indétermination* réside dans le cadre de l'interprétation constitutionnelle. Il renvoie au problème suivant : comment déterminer qu'une norme est extraite du texte constitutionnel ? Autrement dit : au moyen de quels critères est-il correct d'assigner une norme à une disposition juridique constitutionnelle [1] ? Ici, nous le comprenons, la réponse ne soulèverait pas de difficulté majeure : l'assignation de normes de droit constitutionnel est guidée par les règles bien connues de l'argumentation juridique [2].

---

[1] Il existe deux types de normes constitutionnelles. Les normes directement établies et les normes assignées. Les premières sont celles qui sont directement tirées de la lettre de la norme. Les secondes sont celles qui ne sont pas directement tirées du texte de la norme, mais desquelles il est possible de donner d'autres arguments qui sont considérés comme juridiquement corrects. *Cf.* R. Alexy, *Teoría de los Derechos Fundamentales*, Madrid, Centro de Estudios Constitucionales, 2008, p. 55.

[2] En ce sens, nous considérons que la question de la méthode est une question de justification. « (...) tout paraît plus clair si l'on envisage la méthode, non pas comme une méthode pour dégager ou découvrir des solutions, mais bien plus comme une méthode pour justifier des solutions ; si l'on pose la question de savoir comment fait la théorie contemporaine de l'argumentation juridique, la question n'est pas alors de savoir comment dégager la solution, mais comment justifier, avancer des raisons favorables à la solution proposée. (...) Si on regarde les choses ainsi, et si on admet qu'en général on peut dire que justifier revient à faire appel à la raison dans la recherche d'une acceptation d'une thèse, il est alors facile de comprendre pourquoi ce que l'on appelle, en termes théoriques, le "problème de la méthode juridique" n'est rien d'autre que celui de la rationalité des solutions juridiques. » *Cf.* J. Aguiló Regla, *Teoría general de las fuentes del derecho (y del orden jurídico)*, Barcelona, Ariel, 2000, p. 129.

L'argumentation juridique est un cas particulier d'argumentation pratique générale [1]. Elle se caractérise par le fait que l'on se demande pourquoi on ordonne, interdit ou permet, et elle a nécessairement une ambition de correction. Mais elle s'en distingue par le fait que les fondements de ce qui est nécessaire et correct sont encadrés par des critères institutionnels ou autorisés, à savoir la loi (au sens général), les précédents et la doctrine.

L'argumentation juridique fondée sur des normes constitutionnelles n'échappe pas à de telles limites institutionnelles. En effet, les fondements possibles dans ce contexte sont limités par le texte de la Constitution, les précédents judiciaires et la doctrine constitutionnelle. Ceci suppose que la justification d'une certaine position interprétative soit un succès si elle parvient à appliquer les règles de l'interprétation constitutionnelle que l'on peut résumer de la manière suivante :
(i) si l'on peut fonder une norme sur le texte constitutionnel, les précédents et la doctrine constitutionnelle, on doit le faire ;
(ii) celui qui prétend fonder une norme sur des arguments matériels qui s'écartent des dispositions normatives qui découlent des matériaux autorisés mentionnés doit avancer des raisons suffisantes.

Toutefois, la détermination d'une norme comme faisant partie de la signification d'une disposition constitutionnelle n'implique pas nécessairement la définition de sa portée. En effet, le suivi des règles de l'interprétation constitutionnelle peut donner deux types de résultats :

(i) Soit la norme constitutionnelle applicable prévoit précisément sa portée, et elle a donc la structure d'une règle. Dans cette hypothèse, et s'il n'existe pas d'objections significatives concernant leur proportionnalité, on applique les règles de la subsomption de la norme. Sur ce point, il n'existe pas de désaccords majeurs. Un exemple de reconstruction méthodologique des étapes de l'argumentation indiquées jusqu'ici est donné par la théorie déjà évoquée de Josep Moreso.

---

[1] R. Alexy, *Teoría de la argumentación jurídica. La teoría del discurso racional como teoría de la fundamentación jurídica*, Lima, Palestra, 2010, p. 295.

(ii) Soit la norme constitutionnelle applicable ne comporte pas de dispositions précises en ce qui concerne sa portée, et elle a la structure d'un principe. Dans cette hypothèse, cette norme peut heurter d'autres principes, ce qui nécessite une analyse de la relation de proportionnalité en l'espèce [1]. En effet, il existe ici des divergences théoriques. Le point central du débat repose sur la question de la possibilité de déterminer rationnellement la relation de proportionnalité. Nous devons nous arrêter sur ce second niveau de questionnement. Dans les développements qui suivent, nous répondrons à cette question en reconstruisant les règles d'argumentation qui constituent le contrôle de proportionnalité.

Le contrôle de proportionnalité

Le contrôle de proportionnalité est une forme d'argumentation rationnelle [2] utilisée pour justifier des relations d'antériorité entre des normes dont la portée n'est pas déterminée, c'est-à-dire des normes qui ont une nature de principes. Quiconque a la prétention de fonder une relation d'antériorité correcte présuppose nécessairement l'existence de règles qui établissent ce contrôle [3].

---

[1] Ceci est à mettre en relation avec une célèbre thèse de la théorie des principes. Elle suppose que les principes possèdent une caractéristique que ne possèdent pas les règles : que les conflits entre eux se résolvent dans la « dimension du poids ». *Cf.* R. Alexy, « Zum Begriff des Rechtsprinzips », *Rechtstehorie*, Beiheft 1, Berlin, 1979 ; R. Alexy, *Teoría de los Derechos Fundamentales*, Madrid, Centro de Estudios Constitucionales, 2008 ; R. Dworkin, *Taking Rights Seriously*, New York, Bloomsbury, 1997 ; J. Sieckmann, *Regelmodelle und Prinzipienmmodelle des Rechtssystems*, *op. cit.*.

[2] R. Alexy, « On Balancing and Subsumption. A structural comparison », *Ratio Juris*, vol. 16, issue 4, 2003, p. 437. Voir également R. Alexy, « Two or Three », *Archiv für Rechts-und Sozialphilosophie* (ARSP), n° 119, 2010, p. 9-18 ; L. Clérico, *Die Struktur der Verhältnismäßigkeit*, *op. cit.*, chap. 3 ; T. Bustamante, « Principles, Precedents and their Interplay in Legal Argumentation: How to Justify Analogies between Cases », *Archiv für Rechts-und Sozialphilosophie* (ARSP), n° 119, 2010, p. 63-77 ; C. Bernal Pulido et Th. Bustamante, *On the Philosophy of Precedent*, Stuttgart, Franz Steiner Verlag, 2012, p. 51-58.

[3] En ce sens, Robert Alexy montre qu'il existe une relation logique entre le concept de principe et le contrôle de proportionnalité. *Cf.* R. Alexy, *Teoría de*

Les règles du contrôle de proportionnalité sont le contrôle d'adéquation, le contrôle de nécessité et le contrôle de proportionnalité au sens strict. Les deux premières renvoient à la portée empirique des principes, la troisième à leur portée juridique.

Le contrôle d'adéquation

Le contrôle d'adéquation vise à analyser la relation entre la mesure utilisée (moyen) et le niveau de promotion du principe que vise cette mesure. Cette analyse est exigée par le principe contraire qui est affecté par la mesure et qui suppose que si on limite un principe constitutionnel par une mesure concrète, on espère que cette mesure servira au moins à favoriser, dans un certain sens, le principe qu'elle prétend promouvoir. Dans le cas contraire, les raisons qui essaient de justifier cette restriction sont écartées du point de vue empirique. De cette exigence découle la règle d'argumentation suivante : si la mesure qui limite un principe constitutionnel ne permet pas de favoriser le principe constitutionnel que l'on prétend promouvoir, la mesure est alors disproportionnée.

S'agissant d'une argumentation empirique, les règles de rationalité sont liées à des critères *quantitatifs*, *qualitatifs* et *probabilistes*. Celui qui prétend critiquer cette étape du contrôle de proportionnalité doit remettre en cause les règles de l'argumentation empirique. Par conséquent, et hormis dans le cas d'un scepticisme radical à l'égard de la méthodologie des sciences, on peut présupposer qu'il n'existerait pas de plus grands dissentiments à l'égard de la rationalité de cette règle d'argumentation juridique.

Le contrôle de nécessité ou de moyens alternatifs

Le contrôle de nécessité vise à analyser s'il existe des mesures alternatives qui favorisent aussi bien ou mieux le principe que l'on cherche à promouvoir et qui limitent dans une moindre

---

los Derechos Fundamentales, Madrid, Centro de Estudios Constitucionales, 2008, p. 91. La littérature sur le contrôle de proportionnalité est vaste. On peut trouver de longs développements sur cette question *in* L. Clérico, *Die Struktur der Verhältnismäßigkeit*, *op. cit.*, et C. Bernal Pulido, *Los derechos fundamentales y el principio de proporcionalidad*, *op. cit.*.

mesure le principe touché. Ce contrôle est aussi une exigence qui découle du principe affecté, et il suppose que si l'on restreint un principe constitutionnel par une mesure concrète, on espère, au moins, qu'il s'agit d'une mesure nécessaire. Dans le cas contraire, les raisons qui la soutiennent perdraient leur pertinence d'un point de vue empirique. Nous pouvons ainsi dégager la règle d'argumentation suivante : si la mesure utilisée n'est pas nécessaire, puisqu'il existe des moyens alternatifs qui peuvent favoriser aussi bien ou mieux la fin qu'on cherche à promouvoir et qui affectent dans une moindre mesure le principe touché, la mesure est alors disproportionnée.

Comme dans le contrôle préalablement étudié, le contrôle de nécessité englobe les règles de la rationalité empirique, lesquelles sont liées à des critères quantitatifs, qualitatifs et probabilistes. Nous devons de nouveau supposer un consensus sur la rationalité de telles règles.

Le contrôle de proportionnalité au sens strict

Or, même en considérant comme rationnelles les règles de l'interprétation constitutionnelle et de l'argumentation empirique qui sont mises en évidence par les contrôles d'aptitude et de nécessité, se pose toujours la question de savoir si l'on peut défendre la rationalité du contrôle de proportionnalité au sens strict. Cela renvoie à la question si controversée de la rationalité de la pondération. Le but du présent travail n'est pas d'exposer dans les détails toutes les objections et toutes les réponses qui ont été formulées à ce sujet, et qui peuvent être trouvées dans d'autres travaux [1]. Nous nous proposons plutôt de préciser les règles rationnelles présupposées dans l'argument fondée sur la pondération des principes, et qui suffisent à démontrer qu'il

---

[1] *Cf.* R. Alexy, *Teoría de los Derechos Fundamentales*, Madrid, Centro de Estudios Constitucionales, 2008 ; C. Bernal Pulido, *Los derechos fundamentales y el principio de proporcionalidad,* Madrid, *op. cit.*, p. 157 et s.. Sur une systématisation actuelle des objections et des réponses, *cf.* M. Klatt et M. Meister, « Proportionality, a benefit to human rights? Remarks on the I·CON controversy », *International Journal of Constitutional Law*, vol. 10, n° 3, 2012.

existe des critères méthodologiques qui guident l'argumentation dans ce cadre.

La règle de l'argumentation que présuppose le jugement de proportionnalité au sens strict a été présentée par Robert Alexy comme la « loi de pondération ». Cette loi pose que « plus le degré de non-satisfaction ou d'atteinte à un principe est grand, plus l'importance reconnue à l'autre principe ou la satisfaction de celui-ci doit être grande [1] ». Cette règle nous indique ce que doit être fondé, bien qu'elle ne prévoie rien quant à son résultat.

Pour prouver qu'il existe aussi un contrôle rationnel du résultat, on doit reconstruire les règles de l'argumentation que contient la « loi de la pondération ». Nous soutenons qu'il existe deux types de règles d'argumentation : (i) les règles formelles de la pondération et (ii) les règles dogmatiques d'une certaine pratique constitutionnelle.

Le premier type de règles (i) a été développé par Robert Alexy dans ce qu'il a appelé « la formule du poids [2] ». L'auteur soutient qu'il est possible de rendre des jugements rationnels sur la base des trois composantes de la loi de la pondération, c'est-à-dire le degré de restriction d'un principe, l'importance de la satisfaction du principe opposé, et la relation entre les deux. La clef réside dans la représentation dans des échelles triadiques. Ce point est capital ; on peut souvent lire dans les jugements que l'on parle d'interférences ou de promotions légères, moyennes ou très lourdes à l'égard des droits. La détermination de telles valeurs dépend des raisons présentées.

La constitution d'une échelle triadique est seulement une étape. La seconde étape consiste à démontrer que les classifications des intensités des restrictions et l'importance de la promotion d'un principe peuvent être insérées dans un système interférentiel. Celle-ci est l'« épreuve du feu » qui, pour Robert Alexy, intervient comme conséquence de ce qui a été obtenu par la formalisation de la méthode subsomptive. Cette épreuve du feu pour la pondération est surmontée, selon Ro-

---

[1] R. Alexy, *Teoría de los Derechos Fundamentales*, *op. cit.*, p. 38.

[2] R. Alexy, « Das Gewichtformel », *in* J. Jickeli et al. (eds.), *Gedächtnisschrift für Jürgen Sonnenschein*, Berlin, De Gruyter, 2003, p. 771-792.

bert Alexy, à travers le schéma de la « formule du poids ». Celle-ci est la contrepartie du schéma déductif.

La formule du poids met en évidence le fait que le poids concret d'un principe est un poids relatif. Elle définit ainsi le poids concret comme un quotient de l'intensité de l'interférence dans le principe restreint sur l'importance concrète du principe en conflit. L'introduction de quotient implique l'utilisation de nombres. Dans la perspective d'une prise en compte de la pratique du droit constitutionnel, on lui a objecté que les nombres ne sont pas utilisés dans les pondérations, et qu'en outre cela les rendrait inapplicables. Pour répondre à l'objection pratique, Robert Alexy signale que l'utilisation de nombres ne concerne pas l'acteur juridique qui effectue une pondération. Celui-ci peut pallier l'utilisation de quantités numériques pour déterminer l'intensité de la restriction d'un droit. De même, les raisonnements logiques utilisés pour exposer la structure de la subsomption ne sont pas employés dans l'argumentation juridique. Toutefois, ceci ne change rien au fait qu'il s'agit du meilleur moyen de rendre explicite la structure interférentielle de l'application de règles. La même chose peut être prédite des formes logiques utilisées pour exprimer la structure de la pondération.

Or, le modèle proposé par Robert Alexy rappelle une pratique constitutionnelle balbutiante. Pour des pratiques constitutionnelles déjà consolidées, les règles d'argumentation rationnelle se renforcent un peu plus. En ce sens, nous soutenons que pour être pleinement reconstructif, le modèle formel de Robert Alexy doit être complété par le contenu dogmatique de la pratique constitutionnelle analysée. Nous appellerons ce complément les « règles dogmatiques de la pondération » (ii).

Ce second groupe de règles prédétermine les intensités et l'importance des principes. Celui-ci est constitué d'une série de « points de vue » qui découlent des précédents et de la doctrine constitutionnelle [1]. Ainsi, même si un cas ne peut pas être résolu

[1] Par exemple, au sujet du conflit entre la liberté d'expression et le droit à l'honneur, Frederick Schauer dit : « Même en reconnaissant que les pertes d'un côté de l'équation (ou, si vous préférez, de la balance) doivent être considérées comme plus sérieuses que les pertes de l'autre côté, il peut être utile de reconnaître, comme question conceptuelle, le besoin d'une règle (ou, peut-

par un cas précédent réel ou hypothétique [1], on peut déduire de celui-ci ses fondements en tant qu'éléments institutionnels pour déterminer le poids des principes [2]. Ainsi, dans l'hypothèse

être, d'un principe) de poids pour structurer l'enquête. [...] Une façon de comprendre l'analyse de proportionnalité dans le sens plus étroit que je viens de décrire consiste ainsi à imposer une "règle de poids" dans le processus d'évaluation des intérêts concurrents. Bien sûr, nous évaluons les obligations, les fonctions, les buts, les intérêts, les facteurs et les faits en concurrence dans de nombreux aspects de nos modes de prise de décisions. Et typiquement nous le faisons en donnant à chaque obligation, devoir, but, intérêt, facteurs et fait donnés le poids qui nous semble être mérité dans les circonstances. Mais, dans certains environnements de prise de décision, les diverses règles de second ordre prescrivent le poids que ceux-ci et d'autres considérations de premier ordre devraient se voir reconnaître. Ce sont des "règles de poids" et leur utilisation est relativement commune, et encore plus dans le passé, dans la loi des preuves devant les juridictions de droit commun. » *Cf.* F. Schauer, « Proportionality and the Question of Weight », *in* W. Huscroft Miller, *Proportionality and the Rule of Law. Rights, Justification, Reasoning*, Cambridge, Cambridge University Press, 2014, p. 178.

[1] S'il en était ainsi, nous serions, soit devant un cas clair, soit devant l'application d'un précédent, et il ne serait pas nécessaire d'opérer une pondération. *Cf.* F. De Fazio, « Sistemas normativos y conflictos constitucionales: ¿es posible aplicar derechos fundamentales sin ponderar? », *Isonomía. Revista de Filosofía y Teoría del Derecho*, México D. F., ITAM, n° 40, 2014, p. 197-226 ; L. Clérico, *Die Struktur der Verhältnismäßigkeit*, *op. cit.*, chap 3 ; L. Clérico, « Sobre Casos y Ponderación. Los Modelos de Alexy y Moreso, ¿Más Similitudes que Diferencias? », *Isonomía. Revista de Filosofía y Teoría del Derecho*, México D. F., ITAM, n° 37, 2012, p. 113-146 ; F. Pou Giménez, « Libertad de expresión y discurso homofóbico en México: ¿es correcta la teoría constitucional de la Suprema Corte? », *Boletín Mexicano de Derecho Comparado*, n° 140, 2014, México D. F., p. 585-616.

[2] Dans un travail pionniers sur les critères des jugements de pondération, Jan Sieckmann a conclu que la détermination du poids abtrait du droit affecté est orientée par des argumentations qui ne procèdent pas de l'espèce et que l'on peut déterminer par : (1) la justification par la force des intérêts, (2) la justification du poids du principe par la relation avec d'autres principes ; (3) la justification par les sentences antérieures (J. Sieckmann, *El modelo de los principios del derecho*, *op. cit.*, p. 159-202). Notre proposition s'inscrit dans un registre plus concret ; nous pensons que la formation des jugements sur l'intensité de la restriction et le poids des droits sont orientés par les règles de la pondération. Ces orientations apparaissent dans la systématisation critique d'un matériel apparemment désordonné : la jurisprudence et la doctrine sur ces droits, en utilisant les instruments argumentaires et analytiques provenant de la théorie du droit. Or, si l'on se sert de travaux comme ceux notamment de Sieckermann, on en déduit que pour réduire l'objection de l'indétermination

d'un conflit entre le droit à l'information et le droit à l'honneur pour lequel on ne dispose pas d'un précédent spécifique résolu ou de propriétés significatives, comme les rapports entre information d'intérêt public et information privée, entre personne publique et personne privée, ou entre expressions injurieuses et expressions non injurieuses, qui découlent de pondérations précédentes, préétabliront l'argumentation.

Considérations finales

Nous proposons le concept de « constitutionnalisme méthodologique » pour rendre compte d'une partie spéciale de la théorie constitutionnelle qui reconstruit les règles rationnelles de l'argumentation juridique basée sur des normes constitutionnelles. Évidemment, pour qu'il existe une théorie « constitutionnaliste méthodologique », il doit exister une rationalité dans l'argumentation constitutionnelle. Ainsi apparaît la nécessité de donner une réponse à l'objection formulée à l'encontre de la rationalité de cette dernière fondée sur l'indétermination des normes constitutionnelles.

Comme cela apparaît dans l'argumentation précédente, le fondement de l'indétermination sur laquelle s'appuie une telle objection n'est pas suffisant. En effet, l'indétermination des normes constitutionnelles n'est pas en soi une preuve de l'irrationalité de l'argumentation constitutionnelle et de l'inadéquation d'une théorie « constitutionnaliste méthodologique ». Ce qu'une telle objection doit prouver est plutôt qu'il n'existe pas de règle d'argumentation juridique rationnelle dans ce cadre. En tout cas, aucun argument convaincant ne l'indique.

Dans toute pratique constitutionnelle, il existe des règles d'interprétation constitutionnelle communément reconnues,

---

adressée à la pondération, on doit travailler sur le lien qui reconnaît un poids abstrait à un principe dans le cadre d'une pratique constitutionnelle déterminée et/ou d'une pratique régionale de protection des droits de l'homme. Ainsi, dans un autre travail, nous avons réalisé une reconstruction critique de la doctrine et de la jurisprudence sur la liberté artistique qui rejettent un ensemble de « mandats de considération » pour la détermination de son poids et de l'intensité de sa restriction par des critères qui ne dépendent pas de la pondération concrète.

comme la référence au texte, aux précédents et à la doctrine. À leur tour, ces règles peuvent faire apparaître comme résultat une détermination de la portée de la norme. Dans ces hypothèses, le cas concret est résolu au moyen des règles de la subsomption. De sérieuses difficultés apparaîtraient dans les cas où les règles de l'interprétation constitutionnelle ne déterminent pas la portée d'une norme. Il faut ici établir ses limites au moyen des règles du contrôle de proportionnalité. Un tel contrôle est composé de trois contrôles. Les deux premiers (contrôles d'aptitude et de nécessité) sont régis par les règles de l'argumentation empirique, le dernier par les règles de la « formule le poids » et les règles « doctrinales » découlant d'une pratique constitutionnelle *in concreto*. Si l'on accepte que lesdites règles d'argumentation juridique soient rationnelles, il existe alors une méthodologie d'application des normes constitutionnelles. Par conséquent, le concept de « constitutionnalisme méthodologique » s'avère adéquat.

Bibliographie

AGUILÓ REGLA Josep, *Teoría general de las fuentes del derecho (y del orden jurídico)*, Barcelona, Ariel, 2000.

AGUILÓ REGLA Josep, « Sobre las contradicciones (tensiones) del constitucionalismo y las concepciones de la constitución », 2008, http://juridicas.ucaldas.edu.co/downloads/juridicas5(1)_2.pdf.

ALEXY Robert, « Zum Begriff des Rechtsprinzips », *Rechtstehorie*, Beiheft 1, Berlin, 1979.

ALEXY Robert, *Teoría de la argumentación jurídica. La teoría del discurso racional como teoría de la fundamentación jurídica*, Lima, Palestra, 2010.

ALEXY Robert, « Rechtssystem und Praktische Vernunft », *Recht, Vernunft, Diskurs*, Frankfurt A/M, Suhrkamp, 1995, p. 213-230.

ALEXY Robert, « Das Gewichtformel », *in* Joachim JICKELI et al. (eds.), *Gedächtnisschrift für Jürgen Sonnenschein*, Berlin, De Gruyter, 2003, p. 771-792.

ALEXY Robert, « On Balancing and Subsumption. A structural comparison », *Ratio Juris*, vol. 16, issue 4, 2003, p. 433-449.

ALEXY Robert, *Teoría de los Derechos Fundamentales*, Madrid, Centro de Estudios Constitucionales, 2008.

ALEXY Robert, « Two or Three », *Archiv für Rechts-und Sozialphilosophie* (ARSP), n° 119, 2010, p. 9-18.

ARANGO Rodolfo, *El concepto de derechos sociales fundamentales*, Bogotá, Legis, 2012.

ATIENZA Manuel et RUIZ MANERO Juan, *Las piezas del derecho*, Barcelona, Ariel, 2004.

BERNAL PULIDO Carlos, *Los derechos fundamentales y el principio de proporcionalidad*, Madrid, Centro de Estudios Políticos y Constitucionales, 2006.

BERNAL PULIDO Carlos, « The Rationality of Balancing », *ARSP*, n° 92, 2006, p. 195-208.

BERNAL PULIDO Carlos et BUSTAMANTE Thomas (eds.), *On the Philosophy of Precedent*, Stuttgart, Franz Steiner Verlag, 2012.

BOBBIO Norberto, *El problema del positivismo jurídico*, Buenos Aires, Eudeba, 1965.

BÖCKENFÖRDE Ernst, *Escritos sobre derechos fundamentales*, Baden-Baden, Nomos, 1993.

BOROWSKI Martin, *Grundrechte als Prinzipien*, Baden-Baden, Nomos, 2000.

BUSTAMANTE Thomas, « Principles, Precedents and their Interplay in Legal Argumentation: How to Justify Analogies between Cases », *Archiv für Rechts-und Sozialphilosophie* (ARSP), n° 119, 2010, p. 63-77.

CARBONELL Miguel, « Nuevos tiempos para el constitucionalismo (prólogo) », *in* CARBONELL Miguel (ed.), *Neoconstitucionalismo(s)*, Madrid, Trotta, 2003.

CLÉRICO Laura, *Die Struktur der Verhältnismäßigkeit*, Baden-Baden, Nomos, 2001 ; édition en espagnol : *El examen de proporcionalidad en el derecho constitucional*, Eudeba, Buenos Aires, 2009.

CLÉRICO Laura, « Sobre Casos y Ponderación. Los Modelos de Alexy y Moreso, ¿Más Similitudes que Diferencias? », *Isonomía. Revista de Filosofía y Teoría del Derecho*, México D. F., ITAM, n° 37, 2012, p. 113-146.

COMANDUCCI Paolo, « Formas de (neo)constitucionalismo: un análisis metateórico », *in* Miguel CARBONELL (ed.): *Neoconstitucionalismo(s)*, Madrid, Trotta, 2003, p. 75-98.
DE FAZIO Federico, « Sistemas Normativos y conflictos constitucionales: ¿es posible aplicar derechos fundamentales sin ponderar? », *Isonomía. Revista de Filosofía y Teoría del Derecho*, México D. F., ITAM, n° 40, 2014, p. 197-226.
DWORKIN Ronald, *Taking Rights Seriously*, New York, Bloomsbury, 1997.
GARGARELLA Roberto, *Latin American Constitutionalism, 1810-2010. The Engine Room of the Constitution*, Oxford, OUP, 2013.
GUASTINI Ricardo, « La constitucionalización del ordenamiento jurídico: el caso italiano », *in* Miguel CARBONELL (ed.), *Neoconstitucionalismo(s)* Madrid, Trotta, 2003, p. 53-74.
HUSCROFT MILLER Webber, *Proportionality and the Rule of Law. Rights, Justification, Reasoning*, Cambridge, Cambridge University Press, 2014.
KLATT Matthias et MEISTER Moritz, « Proportionality, a benefit to human rights? Remarks on the I·CON controversy », *International Journal of Constitutional Law*, vol. 10, n° 3, 2012.
MARTÍNEZ ZORRILLA David, *Conflictos constitucionales, ponderación e indeterminación normativa*, Barcelona, Marcial Pons, 2007.
MENDONCA Daniel et GUIBOURG Ricardo, *La odisea Constitucional. Constitución, teoría y método*, Barcelona, Marcial Pons, 2004.
MORESO Josep, « Conflictos entre principios constitucionales », *in La Constitución: un modelo para armar*, Barcelona, Marcial Pons, 2009.
POU GIMÉNEZ Francisca, « Libertad de expresión y discurso homofóbico en México: ¿es correcta la teoría constitucional de la Suprema Corte? », *Boletín Mexicano de Derecho Comparado*, n° 140, 2014, México D. F., p. 585-616.
SCHAUER Frederick, « Proportionality and the Question of Weight », *in* Grant HUSCROFT, Bradley MILLER and Gregoire WEBBER (eds.), *Proportionality and the Rule of Law. Rights, Justification, Reasoning*, Cambridge, Cambridge University Press, 2014, p. 173-185.

SIECKMANN Jan, *Regelmodelle und Prinzipienmmodelle des Rechtssystems*, Baden-Baden, Nomos, 1990.
SIECKMANN Jan, *El modelo de los principios del derecho*, Bogotá, Universidad Externado de Colombia, 2006.
SIECKMANN Jan, *Recht als Normatives System*, Baden-Baden, Nomos, 2009.

CRÉER UNE PHILOSOPHIE DU DROIT À PARTIR DE LA THÉORIE DE LA CONSTITUTION ? LE CAS DU NÉOCONSTITUTIONNALISME

Jorge Alexander PORTOCARRERO QUISPE

Dans l'imaginaire hébraïque, le Golem est une créature artificielle dépourvue de volonté propre, créée à partir d'argile, grâce au pouvoir de la cabale, par le rabbin Judah Loew ben Bezalel. Cette créature automate et sans pensée propre agissait conformément aux instructions que le rabbin mettait dans sa bouche, écrites sur un papier. Bien que, selon la légende, cette créature ait été créée pour protéger les Juifs, elle était facilement hors de contrôle et causait des catastrophes dont elle était supposée protéger [1].

Ne serions-nous pas les témoins de la création d'une sorte de Golem aux confins de la théorie du droit ? Ce que l'on appelle le « néoconstitutionnalisme » ne serait-il pas un Golem sans contenu théorique propre malgré les bonnes intentions de ses défenseurs, qui causeraient plus de pertes de temps et de confusions qu'il n'apporterait de bénéfices ? Cet article a pour ambition de répondre à ces questions.

Nous chercherons à démontrer le caractère artificieux et contre-productif de la création d'un terme comme « néoconstitutionnalisme » qui sert à amalgamer arbitrairement et systématiquement des théories et des auteurs différents. De même, nous tenterons de défendre la thèse selon laquelle les défenseurs et des détracteurs du « néoconstitutionnalisme » cherchent en réalité à créer une théorie de philosophie du droit à partir de la théorie de la Constitution pour la défendre ou pour la critiquer.

---

[1] Sur la légende du Golem de Praga, *cf.* Gustav Meyrink, *El Golem*, Madrid, Alianza Editorial, 2007, p. 30 et s..

Les caractéristiques fondamentales du « néoconstitutionnalisme »

Dans son article déjà célèbre, « Neoconstitucionalismo y especificidad de la interpretación constitucional [1] », Susanna Pozzolo, non seulement introduit pour la première fois le terme « néoconstitutionnalisme » au niveau de la théorie du droit, mais identifie les caractéristiques qui aideraient à individualiser ledit concept. En plus de mentionner un critère temporel – le néoconstitutionnalisme serait né au lendemain de la Seconde Guerre mondiale –, Susanna Pozzolo avance quatre caractéristiques qui définiraient le « néoconstitutionnalisme » comme un courant théorique identifiable : les théories néoconstitutionnalistes reconnaissent l'existence de règles et de principes qui constituent deux types de norme ; elles retiennent la pondération comme standard méthodologique pour l'interprétation des normes ayant le caractère de principes ; elles affirment la constitutionnalisation du système juridique grâce à l'effet de rayonnement des droits fondamentaux ; enfin, elles prônent le renforcement du juge constitutionnel face à l'affaiblissement du législateur démocratique.

Nous allons voir si ces caractéristiques sont effectivement valables pour justifier l'existence d'une théorie juridique appelée « néoconstitutionnalisme ».

Les règles et les principes dans le système juridique

Établir une distinction entre les règles et les principes constituerait l'un des critères de distinction entre les types de normes, qui n'aurait pas pour origine la théorie de la Constitution mais prendrait naissance au niveau de la philosophie du droit et

[1] Susanna Pozzolo, « Neoconstitucionalismo y especificidad de la interpretación », *DOXA*, n° 21, 1998, p 339-353, 340 et s.. Voir également les autres travaux de l'auteur sur le terme « néoconstitutionnalisme » et sa diffusion dans le débat au niveau de la théorie du droit : « Apuntes sobre "Neoconstitucionalismo" », *in* Jorge Luis Fabra et Álvaro Núñez (eds.), *Enciclopedia de Filosofía y Teoría del Derecho*, Vol. I, México D. F., UNAM, 2015, p. 363-405 ; *Positivismo y neoconstitucionalismo*, Lima, Palestra, 2011, p. 17 et s. ; « Notas al margen para una historia del neoconstitucionalismo », *in* Susanna Pozzolo (ed.), *Neoconstitucionalismo, derecho y derechos*, Lima, Palestra, 2011, p. 13-87.

s'exprimerait dans le cadre de la théorie générale des normes [1]. En effet, si l'on part d'un concept positiviste qui exclut la morale comme standard normatif, le concept de norme se trouve réduit uniquement aux règles dont l'ordre de « devoir être » est définitif ou décisif [2]. D'un autre côté, si l'on part d'un concept non positiviste ou modéré, avec l'inclusion de la morale comme standard normatif, le concept de norme est constitué à la fois par des règles avec des ordres de « devoir être » définitif et par des principes avec des ordres de « devoir être » *prima facie* ou pouvant être exécutés à divers degrés et en fonction du cas concret [3].

La possibilité de faire une distinction entre des règles et des principes se trouve intrinsèquement liée au rôle de la morale dans le droit. En ce sens, on pourra distinguer les règles et les principes dans la mesure où l'on introduit la morale, nécessaire ou contingente, dans le concept de droit. Au moins deux théories, au niveau de la philosophie du droit, peuvent opérer une telle distinction entre les règles et les principes : le positivisme inclusif et le non-positivisme inclusif. Le positivisme inclusif part de la thèse de la contingence, c'est-à-dire de la morale qui peut être incluse ou non dans le concept de droit, son inclusion ou exclusion étant une question qui dépend du consentement par rapport à cela [4]. D'autre part, le non-positivisme inclusif, dit

[1] La distinction stricte entre les règles et les principes est le postulat central de la théorie dite des principes, dont l'objet d'analyse n'est pas directement la Constitution mais le concept et la nature du droit. *Cf.* Ronald Dworkin, « Is Law a System of Rules? », *in* Ronald Dworkin (ed.), *The Philosophy of Law*, Oxford University Press, Oxford 1977, p. 17-37 ; Robert Alexy, « Zum Begriff des Rechtsprinzips », *Rechtstheorie*, Beiheft 1 (1979), p. 59-87 ; Robert Alexy, *Teoría de los derechos fundamentales*, Madrid CEPC, 2e éd., 2007, p. 67 et s. ; Robert Alexy, « Rechtsregeln und Rechtsprinzipien », *ARSP*, n° 25, 1985, p. 13-29.

[2] Le modèle pur des règles est défendu par exemple par Juan Antonio García Amado, « El juicio de ponderación y sus partes. Una crítica », *in* Ricardo García Manrique (coord.), *Derechos sociales y ponderación*, Madrid, Fundación Coloquio Jurídico Europeo, 2009, p. 316 et s..

[3] Sur la distinction entre règles et principes, *cf.* Robert Alexy, « Zum Begriff der Rechtsprinzipien », *Rechtstheorie*, supplément 1, 1979, p. 63 et s..

[4] Jules Coleman, Authority and Reason, Robert P. George (ed.), *The Autonomy of Law. Essays on legal Positivism*, Oxford, Clarendon Press, 1996, p. 287-319. Voir également Wilfrid J. Waluchow, *Positivismo jurídico in-*

aussi principaliste, part de la thèse de la nécessité, étant donné qu'il inclut nécessairement le concept de morale dans le concept de droit sans que cela dépende d'une question de contingence [1].

Il n'est pas possible d'aborder ici les caractéristiques et les différences de ces deux écoles de philosophie du droit. Il suffit d'indiquer que la problématique de la distinction entre les règles et les principes ne peut pas être expliquée à partir de la Constitution, mais qu'il s'agit d'un débat de philosophie du droit qui se prolonge en théorie générale des normes. C'est pourquoi indiquer que la distinction entre les règles et les principes est une caractéristique descriptive du « néoconstitutionnalisme » revient à déplacer indûment une problématique propre à la philosophie du droit dans le domaine de la théorie constitutionnelle.

La pondération comme méthode d'interprétation

Selon le critère défini par Pozzolo, les théories dites « néoconstitutionnaliste » se caractériseraient par l'introduction de la technique de la pondération comme méthode d'interprétation et d'application de normes ayant le caractère de principes, spécifiquement des droits fondamentaux. La pondération comme méthodologie d'interprétation des normes ayant le caractère de principes trouve une application, non seulement au niveau du droit constitutionnel, mais aussi au niveau des droits de l'homme, ces derniers principes, bien que non traduits en droits positifs, étant des principes pondérables *in fine*. En ce sens, la pondération dépend du caractère de principe d'un certain type de normes, et non exclusivement de la Constitution. Certes, la

---

cluyente, Marcial Pons, Barcelona 2007, p. 95 et s. ; Kenneth Einar Himma, « Inclusive Legal Positivism », *in* Jules L. Coleman, Scott Shapiro, (eds.), *Oxford Handbook of Jurisprudence and Legal Philosophy*, Oxford, Oxford University Press, 2002, p. 125-165.

[1] Ronald Dworkin, *Los derechos en serio*, Barcelona, Ariel, 2010, p. 72 et s. ; Robert Alexy, On the Concept and the Nature of Law, *Ratio Juris* ; n° 21, 2008, p. 281-299 ; Gustavo Zagrebelsky, *El derecho dúctil. Ley, derechos, justicia*, Madrid, Trotta, 1996, p. 109 et s. ; Carlos Santiago Nino, *Ética y derechos humanos*, Ariel, Barcelona 1989, p. 24 et s. ; Carlos Santiago Nino, *Introducción al análisis del derecho*, Barcelona, Ariel, 1987, p. 196 et s..

pondération a fait l'objet de critiques. Elle a été qualifiée de déraisonnable, et on lui a même reproché d'être une « menace pour l'État démocratique [1] », mais ces critiques sont formulées dans le cadre de la théorie de la Constitution, en ayant pour objectif de remettre en question les bases théoriques de la pondération au niveau de la théorie générale du droit. Le fondement théorique de la pondération n'est autre que la théorie des principes.

L'une des hypothèses fondamentales de la théorie des principes est que les droits fondamentaux, grâce à leur structure interne de « devoir être » *prima facie*, peuvent être reconstruits sous la forme des principes. Étant donné que les droits fondamentaux se rattachent aux biens juridiques spécifiques, on affirme que lesdits droits ont un contenu déterminé. Par conséquent, en tant que principes, les droits fondamentaux possèdent un contenu concret ou matériel. Or, les droits fondamentaux entrent fréquemment en conflit entre eux. La méthode que la théorie des principes prévoit pour la résolution de ces relations entre droits fondamentaux ou entre principes matériels est la pondération.

La pondération est certainement la conséquence méthodologique nécessaire qui permet de comprendre qu'il existe des normes ayant un caractère de principes, et d'introduire la mo-

---

[1] Javier Jiménez, *Derechos Fundamentales. Concepto y garantías*, Madrid, Trotta, 1999, p. 73 ; Jürgen Habermas, *Facticidad y validez*, Madrid, Trotta, 5e éd., 2008, p. 315 ; Bernhard Schlink, « Freiheit durch Eingriff Abwehr Rekonstruktion der klassischen Grundrechtsfunktion », *EuGRZ* 1984, p. 457-468 ; Bernhard Schlink, « Der Grundsatz der Verhältnismäßigkeit », *in* P. Badura et H. Dreier (eds.), *Festschrift 50 Jahre Bundesverfassungsgericht*, Tübingen, Mohr-Siebeck, 2001, p. 445-465. De même, au niveau de la jurisprudence nord-américaine, le juge Antonin Scalia a pris position contre la procédure de pondération estimant que celui-ci implique de réaliser une comparaison de deux importances considérables, ce qui reviendrait à déterminer « si une ligne est plus longue qu'une certaine pierre est lourde » ; *cf. Ben-dix Autolite Corp. vs. Midwesco Enterprises, Inc.*, 486 U.S. 888, 897 (1988). Pour une illustration de l'état actuel du débat sur la pondération, *cf.* Gustavo A. Beade et Laura Clérico (eds.), *Desafíos a la ponderación*, Bogotá, Universidad Externado de Colombia, 2011, ainsi que la compilation *La ponderación en el derecho. Evolución de una teoría, aspectos críticos y ámbitos de aplicación en el derecho alemán*, Bogotá, Universidad Externado de Colombia, 2016.

rale comme élément constitutif du concept de droit. Dans ces théories qui retiennent la morale comme une nécessité, comme le fondement des variantes du non-positivisme, ainsi que dans ces théories positivistes qui introduisent la morale de manière contingente, il est possible et nécessaire de recourir à la pondération comme méthode d'interprétation de ces standards normatifs fondés sur la morale. Si l'on adopte un concept de droit qui exclut nécessairement la morale, la pondération sera nécessairement exclue de l'interprétation et de l'application des normes. De nouveau, le problème de la pondération découle de la philosophie du droit et non du concept de Constitution, dans la mesure où identifier la pondération comme élément caractéristique des théories « néoconstitutionnalistes » n'a pas sa place dans la théorie de la Constitution. En résumé, la problématique de la pondération est un problème découlant de la philosophie du droit et de ses conséquences au niveau de la méthodologie de l'interprétation juridique, mais ce n'est pas un problème qui peut découler de la théorie de la Constitution.

En outre, il est important de prendre en compte le fait qu'au niveau de la doctrine et de la *praxis* jurisprudentielle, le mot « pondération » est un terme ambigu quand il est employé par des orateurs différents dans des contextes différents pour leur donner un sens et une structure différents. Pensons à l'idée de *Balancing* en *common law* [1] et à l'idée d'*Abwägung* en droit allemand[2]. En effet, tant le *Balancing* de la *common law* que l'*Abwägung* de la jurisprudence allemande se traduisent simplement par « pondération » ; cependant, les implications méthodologiques et théoriques sous-jacentes à chacun de ces concepts au sein du système juridique dans lequel ils sont em-

[1] Les caractéristiques conceptuelles du *Balancing* de la Cour surprême nord-américaine auxquelles Aleksander Aleinikoff adresse sa célèbre critique ne correspondent pas aux caractéristiques qu'Alexy attribue à son concept d'*Abwägung*. *Cf.* Alexander Aleinikoff, « Constitutional Law in the Age of Balancing », *The Yale Law Journal*, n° 96, 1987, p. 943-1005. *Cf.* également John Ely, *Democracy and Distrust: A theory of Judicial Review*, Cambridge Mass., 1980, p. 75 et s..

[2] Pour une étude sur les différentes perspectives par lesquelles a été abordé le thème de la « pondération », *cf.* Jacco Bomhoff, *Balancing Constitutional Rights. The Origins and Meanings of Postwar Legal Discourse*, Cambridge, Cambridge University Press, 2013, p. 31 et s..

ployés sont différentes. Plus précisément, recourir à l'idée de pondération comme élément de définition de la théorie dite « néoconstitutionnelle » implique, de nouveau, de décontextualiser les concepts qui ont des fonctions et des problématiques spécifiques dans chacun de leurs domaines d'application.

La « surconstitutionnalisation » du système juridique

Une autre caractéristique supposée identificatrice du « néoconstitutionnalisme » est l'effet de la constitutionnalisation du système juridique qui doit précisément reconstruire les droits fondamentaux comme principes pour les appliquer au moyen de la pondération et pour leur reconnaître un effet de rayonnement sur la totalité du système juridique. Tout cela ferait passer de l'État démocratique de droit à l'État de la juridiction constitutionnelle. Böckenförde se référait à ce phénomène lorsqu'il envisageait le passage irrémédiable de l'État de droit à l'État de la juridiction constitutionnelle [1].

Le fait que le système soit constitutionnalisé n'est pas un problème puisque, précisément, la Constitution est la norme qui, hiérarchiquement, a un effet inaliénable et justificateur par rapport à l'ensemble du système juridique. Le problème qu'envisagent Pozzolo et Böckenförde est la « surconstitutionnalisation » du système juridique. En effet, on parle de « surconstitutionnalisation » et non de « constitutionnalisation » puisque ce terme, avant de qualifier une pathologie du système juridique, décrit plutôt le remplacement du paradigme positiviste par le paradigme non positiviste au niveau du droit étatique, en particulier au niveau de la théorie constitutionnelle [2].

---

[1] Ernst Wolfgang Böckenförde, « Grundrechte als Grundsatznormen. Zur gegenwärtigen Lage der Grundrechtsdogmatik », *in Staats, Verfassung, Demokratie. Studien zur Verfassungstheorie und zum Verfassungsrecht*, Frankfurt am Main Suhrkamp, 1991, p. 190. *Cf.* également Christoph Gusy, « Das Bundesverfassungsgericht als politischer Faktor », *EuGRZ*, 1982, p. 93-101.

[2] La constitutionnalisation du système juridique vise des facteurs tels que l'apparition de Constitutions rigides, l'existence de catalogues de droits fondamentaux, l'existence d'une juridiction constitutionnelle (qu'elle soit concentrée ou abstraite) et l'efficacité directe des normes constitutionnelles. *Cf.* Louis Favoreu, « La constitucionalización del derecho », *Revista de Derecho de la Universidad Austral*, n° 12, 2001, p. 31-43. *Cf.* également Ricardo Guas-

L'expression « surconstitutionnalisme » est un terme plus exact dans la mesure où il exprime que l'ubiquité des droits fondamentaux et de la juridiction constitutionnelle dépasse les limites au détriment de l'autorité du droit basée sur le principe démocratique. Le phénomène de « surconstitutionnalisation » du système juridique découlerait de trois caractéristiques de la théorie contemporaine des droits fondamentaux : la structure de principes, l'application de la pondération, et l'effet de rayonnement des droits fondamentaux. En ce sens, les caractéristiques définies par Pozzolo comme identifiant les théories néoconstitutionnalistes ne sont que les caractéristiques identifiant une pathologie au niveau de la théorie du système juridique : la surconstitutionnalisation du système.

Au sens strict, la surconstitutionnalisation du système juridique suppose que des dispositions contenues dans la Constitution cessent d'être des prescriptions qui règlent les relations entre l'État et ses citoyens et deviennent un ordre objectif de valeurs qui influe sur la structure de toutes les normes du système juridique et de leur interprétation [1]. Cela veut dire que la Constitution cesse d'être un cadre normatif qui permette l'existence de certains domaines de pouvoir discrétionnaire public et privé pour devenir un ordre fondamental qui règle absolument toutes les relations juridiques et ne laisse aucune place au pouvoir discrétionnaire [2]. De la même manière, la sur-

tini, *Estudios de teoría constitucional*, México D.F., Fontamara, p. 148 et s.. Ce que le postulat de la constitutionnalisation renferme en ralité est une critique positiviste de l'incorporation de standards non positifs à l'ordre juridique par la Constitution.

[1] La thèse de la Constitution comme ordre objectif de valeurs fait partie de la fameuse sentence *Lüth* prise par la Cour constitutionnelle allemande. Ladite thèse postule que l'ordre constitutionnel incorpore des valeurs qui rayonnent sur l'ensemble de l'ordre juridique et les relations entre les personnes privées. Les normes constitutionnelles et, en particulier, les droits fondamentaux, lesquelles deviennent un paramètre de contrôle objectif. *Cf. BverfGE* 7, 198 (205, 206) ; *BverfGE* 25, 256. *Cf.* également Konrad Hesse, « Significado de los derechos fundamentales », *in* Ernst Benda, Werner Maihoffer, Hans-Jochen Vogel, Konrad Hesse et Wolfgang Heyde (eds.), *Manual de Derecho constitucional*, Madrid, IVAP-Marcial Pons, 1996, p. 93.

[2] Concevoir la Constitution comme un ordre cadre implique qu'elle ne détermine pas le contenu matériel des décisions que les organes constitués et autonomisés par elle adoptent, toujours et quand lesdites nécisions ne refondent

constitutionnalisation du système juridique, non seulement affecterait le domaine de pouvoir discrétionnaire du législateur démocratique, mais a aussi des effets dans le domaine du pouvoir discrétionnaire de la juridiction ordinaire et même sur l'autonomie privée [1]. Cela peut se résumer par la formule suivante : « plus de constitutionnalisation, moins de pouvoir discrétionnaire pour les organes de l'État et les particuliers. »

La surconstitutionnalisation du système juridique est certainement intrinsèquement liée à la théorie de l'effet de rayonnement des droits fondamentaux, puisqu'elle en viendrait à être la voie par laquelle les normes constitutionnelles rayonnent par leur influence sur tout l'ordre juridique. Selon ladite théorie, un tel effet rayonnant se déduit de la maxime interprétative : une interprétation conforme à la Constitution. En ce sens, la législation infraconstitutionnelle doit être interprétée de telle sorte qu'elle n'aille pas à l'encontre des normes constitutionnelles. C'est pourquoi les normes constitutionnelles, en particulier les droits fondamentaux, étendent leur influence sur tout l'ordre juridique au niveau de l'interprétation et de l'application des normes et des relations entre personnes privées [2]. Cependant,

---

pas ce cadre de correction délimité par elle. Ainsi, on garantit une large de marge de pouvoir discrétionnaire pour la prise de décions en même temps que l'on établit des limites constitutionnelle de celui-ci. D'un autre côté, concevoir la Constitution comme un ordre fondamental implique que la Constitution non seulement établit des limites externes à la procédure de décsiions mais aussi qu'elle détermine ce qui peut être décidé et ce qui ne peut l'être. *Cf.* Robert Alexy, « Epílogo a la teoría de los derechos fundamentales », *in Teoría de los derechos fundamentales*, 2e éd., CEPC, Madrid 2007, 514 et s. ; Werner Kägi, *Die Verfassung als rechtliche Grundordnung des Staates: Untersuchungen über die Entwicklungstendenzen im modernen Verfassungsrecht*, Zürich, Polygraphischer Verlag, 1945, p. 39 et s. ; Konrad Hesse, « Concepto y cualidad de la Constitución », *in Escritos de derecho constitucional*, Madrid, CEPC, 2012, p. 51 et s..

[1] En ce sens, *cf.* également Ernst Forsthoff, *El Estado de la sociedad industrial*, Madrid, CEPC, 2013, p. 100 et s..

[2] L'effet de rayonnement des normes constitutionnelles a une incidence particulière au niveau des relations entre personnes privées, dans la mesure où les normes constitutionnelles comme les droits fondamentaux en viennent à réglementer également l'autonomie privée. En doctrine, on connaît cela comme l'effet horizontal des droits fondamentaux ou *Drittwirkung*. Pour un exposé clair sur le débat doctrinaire au sujet de l'effet des droits fondamentaux dans les relations juridiques privées, *cf.* Mijaíl Mendoza Escalante, « La

l'effet de rayonnement a une limite : les droits fondamentaux justifient une action de contrôle de la part de la juridiction constitutionnelle si et seulement si les fonctions desdits droits sont ignorées. En effet, les principales fonctions des droits fondamentaux sont d'être des droits de défense, des droits de prestation et des garanties institutionnelles [1] ; en ce sens, si, au niveau de l'interprétation – application de normes infraconstitutionnelles –, ces fonctions sont ignorées, se présente alors la possibilité de faire valoir lesdits droits fondamentaux au niveau de la juridiction constitutionnelle [2].

Une solution à la problématique de la surconstitutionnalisation du système juridique passe nécessairement par une théorie qui garantisse des domaines de pouvoir discrétionnaire pour la prise de décisions autoritaires et qui reconnaisse à la fois la capacité des droits fondamentaux de servir d'une limite audit pouvoir discrétionnaire quand il affecte de façon disproportionnée le domaine constitutionnellement protégé de ceux-ci [3]. De cette façon, on garantirait que la compétence juridique du législateur et des personnes privées ne se trouverait pas constam-

---

eficacia de los derechos fundamentales en las relaciones entre particulares », *Pensamiento Constitucional*, n° 9, 2005, p. 219-271.

[1] Robert Alexy, *Teoría de los derechos fundamentales*, *op. cit.*, p. 151 et s., p. 383 et s. ; Martin Borowski, *La estructura de los derechos fundamentales*, Bogotá, Universidad Externado de Colombia, 2003, p. 109 et s. ; Jörn Ipsen, *Staatsrechts II, Grundrechte*, 12e éd., Köln, Carl Heymanns Verlag, 2009, p. 16 et s. ; Josef Isensee, « Das Grundrecht als Abwehrrecht und als staatliche Schutzplicht », *in Handbuch des Staasrechts*, Heidelberg, T. V. C. F. Müller Verlag, 1992, p. 143-241, et p. 149 et s. ; Bodo Pieroth et Bernhard Schlink, *Staatsrechts II. Grundrechte*, 17e éd., Heidelberg, C. F. Müller Verlag, 2001, p. 57 et s. ; Klaus Stern, *Das Staatsrecht der Bundesrepublik Deutschland*, T. III/1, München, C.H. Beck, 1988, p. 620 et s..

[2] Martin Borowski, *Die Glaubens- und Gewissensfreiheit des Grundgesetzes*, Tübingen, Mohr-Siebeck, 2006, p. 250 et s..

[3] Pour une théorie sur le caractère discrétionnaire, *cf.* Robert Alexy, « Derecho constitucional y derecho ordinario - Jurisdicción constitucional y jurisdicción ordinaria », *in Tres escritos sobre los derechos fundamentales y la teoría de los principios*, Bogotá, Universidad Externado de Colombia, 2003, p. 57 et s. ; Virgilio Afonso da Silva, *Grundrechte und gesetzgeberische Spielräume*, Baden-Baden, Nomos, 2003, p. 113 et s. ; Marius Raabe, *Grundrechte und Erkenntnis*, Baden-Baden, Nomos, 1998 ; Jorge A. Portocarrero Quispe, *La ponderación y la autoridad en el derecho El rol de los principios formales en la interpretación constitucional*, Barcelona, Marcial Pons, 2016 p. 47 et s..

ment limitée par le contrôle exercé par la juridiction constitutionnelle.

Un renforcement du juge constitutionnel face à l'affaiblissement du législateur démocratique

Le problème peut-être le plus délicat que rencontre la théorie générale moderne de la Constitution est le fait que si l'on opte pour un modèle jusphilosophique non positiviste inclusif ou modéré, en plus d'un modèle normatif dual de règles-principes, ainsi que pour l'incorporation de critères de valeurs différents de la subsomption, le modèle de la juridiction constitutionnelle au-dessus de la législation démocratique s'en trouverait indéfectiblement renforcé. Cela découlerait principalement du fait que celui qui interprète en dernier lieu les normes constitutionnelles et détermine quel est son contenu définitif en l'espèce est toujours le juge constitutionnel.

Le problème de la relation entre la juridiction constitutionnelle et la législation démocratique renvoie à la détermination des limites des compétences existant entre les deux pouvoirs constitués. En effet, comment déterminer dans quelle mesure la juridiction constitutionnelle doit contrôler la volonté du législateur ou modifier ce qu'il a dit expressément ? Nous avons abordé cette problématique de manière exhaustive dans d'autres travaux [1]. Il suffit d'indiquer ici que la juridiction constitutionnelle prend la Constitution elle-même comme point de référence pour évaluer et limiter la volonté du législateur. La limite argumentative et normative à retenir pour la délimitation de la marge de contrôle que peut exercer la juridiction constitutionnelle sur la législation démocratique serait le principe d'autorité normative, aussi appelé principe formel ou institutionnel [2]. Le-

---

[1] Jorge A. Portocarrero Quispe, « El rol de los principios formales en la determinación del margen de control de constitucionalidad », *Revista de Derecho de Estado*, n° 27, 2011, p. 82 et s..

[2] Sur le concept et la nature des principes formels, *cf.* Robert Alexy, « Principios formales. Algunas respuestas a los críticos », *in* Jorge A. Portocarrero Quispe (ed.), *Ponderación y discrecionalidad*, Bogotá, Universidad Externado, 2016, p. 34 et s.. Pour une discussion autour du concept et des fonctions des principes formels ou institutionnels dans la théorie du droit, *cf.* Martin Borowski, « The Structure of Formal Principles – Robert Alexys Law of

dit principe exige que les décisions des organes légitimes pour prendre des décisions soient respectées dans la plus grande mesure possible [1].

Le déséquilibre entre les compétences de contrôle de la juridiction constitutionnelle et le domaine du pouvoir discrétionnaire pour la prise de décisions par le législateur démocratique peut conduire à deux scénarios possibles. Le premier scénario implique une hégémonie de la législation démocratique au-dessus de la juridiction constitutionnelle ; c'est le scénario dans lequel la volonté du législateur ne pourrait être limitée par aucune interprétation découlant de la Constitution. Ce problème pourrait être dénommé la « surlégalisation » du système juridique. D'un autre côté, le second scénario implique une prépondérance de la juridiction constitutionnelle sur la législation démocratique, scénario dans lequel tant ce que dit que ce que veut le législateur démocratiquement légitimé serait finalement soumis au contrôle du juge constitutionnel. On pourrait appeler cela le problème de la surconstitutionnalisation du système juridique [2].

Combination », *ARSP Beiheft*, n° 119, 2010, p. 19-36 ; Jan-R. Sieckmann, « Principios formales », *in* Jorge A. Portocarrero Quispe (ed.), *Ponderación y discrecionalidad*, Bogotá, Universidad Externado, 2016, p. 264 et s. ; Jorge A. Portocarrero Quispe, « El problema de los principios formales en la doctrina de la ponderación de Robert Alexy: Del *in dubio pro libertate* al *in dubio pro legislatore* », *in* Jorge Portocarrero Quispe (ed.), *Ponderación y discrecionalidad*, Bogotá, Universidad Externado, 2016, p. 223 et s. ; Manuel Atienza et Juan Ruiz Manero, « La dimensión institucional del Derecho y la justificación jurídica », *DOXA*, n° 24, 2001, p. 126 et s..

[1] Les principes formels sont des mandats *prima facie*, qui exigent que leur contenu soit réalisé dans la plus grande mesure possible en fonction des circonstances de fait et de droit en l'espèce. Le contenu d'un principe forme se compose d'une décision d'autorité prise par un organe autorisé, et il est indépendant de son contenu de correction. Par conséquence, les principes formels sont des raisons institutionnelles qui exigent l'observation de décisions d'autorité. » *Cf.* Jorge A. Portocarrero Quispe, *La ponderación y la autoridad en el derecho*, *op. cit.*, p. 237.

[2] Louis Favoreu s'est référé à cette problématique quand il expose le phénomène de la constitutionnalisation des branches du droit à travers la jurisprudence constitutionnelle. Louis Favoreu soutient que le processus de constitutionnalisation se fonde sur deux processus fondamentaux : l'accroissement des normes constitutionnelles émanant de la juridiction constitutionnelle et le rayonnement desdites normes dans tout l'ordre juridique. Ricardo

La création d'une théorie juridique à partir de la Constitution

Le mouvement dit « néoconstitutionnaliste » souffre d'un phénomène curieux : rares sont ceux qui s'identifient comme tels. Ceux qui se sont identifiés comme des auteurs nettement constitutionnalistes (Alexy, Dworkin, Niño ou Zagrebelsky) n'ont jamais consacré une étude à ce sujet ni même employé le terme dans leurs écrits. Cela vient du fait que le terme « néo-constitutionnalisme », voire l'idée de créer une théorie du droit basée sur la Constitution, n'a pas été envisagé par eux ou par l'un de leurs adeptes, mais bien au contraire, une telle théorie a été créée par leurs détracteurs. L'école réaliste génoise, dans laquelle nous pourrions valablement placer Pozzolo, qui a une tendance nettement positiviste et est influencée par le réalisme juridique nord-américain et scandinave, est celle qui a créé le terme et a identifié les thèses qui caractérisent prétendument le « néoconstitutionnalisme » [1]. C'est pourquoi ceux qui ont créé le « néoconstitutionnalisme » ne sont pas ceux qui défendent ses postulats, mais curieusement ceux qui s'opposent à eux. Cela expliquerait pourquoi il est si difficile de trouver, parmi les auteurs qui défendent la distinction entre les règles et les principes, la pondération et l'effet de rayonnement des droits fondamentaux, une référence au « néoconstitutionnalisme » : c'est un terme créé par ses détracteurs.

Or, le terme « néoconstitutionnalisme », dans l'espace latino-américain, a recouvré une force en générant des publications

---

Guastini a identifié les conditions dans lesquelles se produit la constitutionnalisation : l'existence d'une Constitution rigide, la protection de la Constitution par une juridiction constitutionnelle, la portée impérative de la Constitution, l'interprétation de la Constitution, l'application directe des normes constitutionnelles, l'interprétation harmonisatrice des lois et de la Constitution et l'influence de la Constitution sur les questions politiques. *Cf.* Ricardo Guastini, « La "constitucionalización" del ordenamiento jurídico: el caso italiano », *in* Miguel Carbonell (ed.), *Neoconstitucionalismo(s)*, Madrid, Trotta, 2003, p. 50 et s..

[1] L'école génoise, ou école de Tarello, se fonde sur des postulats réalistes de type non cognitiviste et sur des postulats positivistes analytiques. Pour un panorama sur les auteurs et la problématique du réalisme génois, *cf* Jordi Ferrer Beltran et Giovanni B. Ratti, *Realismo jurídico Genovés*, Barcelona, Marcial Pons, 2011.

et un courant d'opinion, soit en sa faveur, soit contre lui [1]. Dans ce contexte, nous pourrions effectivement trouver des auteurs qui adoptent le néoconstitutionnalisme comme une théorie juridique propre, en la défendant et la définissant comme le feraient des néoconstitutionnalistes [2]. Le problème réside ici dans le fait

---

[1] Mauro Barberis, « Neoconstitucionalismo, democracia e imperialismo de la moral », *in* Miguel Carboell (ed.), *Neoconstitucionalismo(s)*, Madrid, Trotta, 2e éd., 2005, p. 259-278 ; Juan Antonio García Amado, « Derechos y pretextos. Elementos de crítica del neoconstitucionalismo », *in* Miguel Carbonell (ed.), *Teoría del neoconstitutcionalismo*, Madrid, Trotta, 2007, p. 237-264; Luis Prieto Sanchís, Miguel Carbonell (ed.), « Réplica a Antonio García Amado », *in Teoría del neoconstitucionalismo*, Madrid, Trotta, 2007, p. 265-288 ; Paolo Comanducci, « Constitucionalización y neoconstitucionalismo », *in* Miguel Carbonell et Leonardo García (eds.), *El canon neoconstitucional*, Bogotá, Universidad Externado de Colombia, 2010, p. 173-206 ; *Id.*, « Formas de (neo)constitucionalismo: un análisis metateórico », *Isonomía*, n° 16, 2002, p. 89-112 ; José Juan Moreso, « Comanducci sobre neoconstitucionalismo », *in* Miguel Carbonell et Leonardo García Jaramillo (eds.), *El canon neoconstitucional*, Bogotá, Universidad Externado de Colombia, 2010, p. 191-206 ; Carlos Bernal Pulido, « Refutación y defensa del neoconstitucionalismo », *in* Miguel Carbonell (ed.), *Teoría del neoconstitucionalismo*, Madrid, Trotta, 2007, p. 289-325.

[2] Parmi les auteurs qui considèrent le néoconstitutionnalisme comme une théorie autonome, on peut citer Ramiro Ávila Santamaría, « En defensa del neoconstitucionalismo transformador. Los debates y los argumentos », *Repositorio digital de la Universidad Andina Simón Bolívar*, Sede Ecuador, Marzo 2012 ; *Id.*, *El neoconstitucionalismo transformador. El Estado de derecho en la constitución del 2008*, Quito, Universidad Andina Simón Bolívar, 2011, p. 53 et s. ; Miguel Carbonell, « El neoconstitucionalismo: significado y niveles de análisis », *in* Miguel Carbonell et Leonardo García Jaramillo (eds.), *El canon neoconstitucional*, Bogotá, Universidad Externado de Colombia, 2010, p. 153-164 ; *Id.*, El neoconstitucionalismo en su laberinto, *in* Miguel Carbonell (ed.), *Teoría del neoconstitucionalismo*, Madrid, Trotta, 2007, p. 9-14 ; Miguel Carbonell et Leonardo García Jaramillo, « Intento de defensa y conceptualización del neoconstitucionalismo », *in* Jorge Luis Fabra et Leonardo García Jaramillo (eds.), *Filosofía del derecho constitucional. Cuestiones fundamentales*, México D. F., UNAM, 2015, p. 483-520 ; *Id.*, *Constitucionalismo deliberativo. Estudio sobre el ideal deliberativo de la democracia y la dogmática constitucional del procedimiento parlamentario*, México D. F., UNAM, 2015, p. 103 et s. ; *Id.*, « El neoconstitucionalismo en el contexto de la internacionalización del derecho: el caso colombiano », *Boletín Mexicano de derecho comparado*, n° 113, 2012, p. 93-118 ; *Id.*, *Activismo Judicial y dogmática de los márgenes de acción: Una discusión en clave neoconstitucional*, Instituto de Estudios Constitucionales del Estado de Querétaro, Querétaro 2016, p. 33 et s. ; *Id.*, « Buenos tiempos para el neocons-

que ceux qui défendent le néoconstitutionnalisme comme une théorie indépendante défendent en réalité des postulats d'autres théories comme la théorie du droit comme intégrité de Dworkin, la théorie des principes d'Alexy, la théorie du droit ductile de Zagrebelsky, ou la théorie du rayonnement des droits fondamentaux développée par la Cour constitutionnelle allemande.

Or, le néoconstitutionnalisme est-il effectivement une nouvelle théorie juridique universelle et indépendante susceptible d'expliquer la conjoncture constitutionnelle contemporaine ? Ma réponse à cette question est négative, étant donné qu'avec l'« étiquette néoconstitutionnelle », on prétend donner une explication théorique à des problèmes abordés par d'autres théories au niveau de la philosophie du droit, de la théorie des normes et de la méthodologie de l'interprétation juridique. Ce n'est pas un hasard si l'on attribue l'« étiquette néoconstitutionnelle » à chacun des contextes qui ont été prétendument affectés par ladite théorie, et que, par exemple, on parle des versions du néoconstitutionnalisme qui sont comprises comme théorie et méthodologie juridique, idéologie et modèle d'organisation juridico-politique [1]. Ladite théorie néoconstitutionnelle consiste ainsi en un amalgame d'auteurs et de théories qui, s'ils ont des points de convergence, ne sont pas suffisants pour structurer une théorie indépendante, solide et universelle.

Pour qu'une théorie juridique puisse être considérée comme telle, elle doit nécessairement satisfaire deux conditions minimales de scientificité : la consistance et le caractère vérifiable [2]. Le droit, pour être une science, doit être vérifiable, posséder une méthode d'analyse qui l'empêche de tomber dans des contradictions ou qui permette de les résoudre, et posséder un objet

---

titucionalismo (Sobre la aparición del examen de proporcionalidad en el derecho constitucional) », *Universitas*, n° 120, 2010, p. 317-332.

[1] Paolo Comanducci, « Formas de (neo)constitucionalismo: un análisis metateórico », *op. cit.*, p. 97 et s.. *Cf.* également Leonardo García Jaramillo, *Activismo judicial y dogmática de los márgenes de acción*, *op. cit.*, p. 47 et s..

[2] Claus-Wilhem Canaris, *Función, estructura y falsación de las teorías jurídicas*, Madrid, Civitas, 1995, p. 71 ; Ralf Dreier, *Recht, Moral und Ideologie. Studien zur Rechtstheorie*, Frankfurt am Main, Suhrkamp, 1981, p. 82 et s. ; Karl Larenz, *Methodenlehre der Rechtswissenschaft*, Berlin, Springer, 6e éd., 1991, p. 450 et s..

d'étude [1]. Les diverses théories qui, au niveau philosophique, ont cherché à fonder la nature et la méthode du droit, s'orientent en fonction de la compréhension de leur objet d'étude (les normes), avant de prendre en compte des questions circonstancielles comme des évènements historiques ou sociaux. Évidemment, l'histoire et les nécessités sociales justifient le développement d'une théorie qui les explique, mais elles ne sont pas suffisantes pour structurer une philosophie. Ce qui a fini par être appelé « néoconstitutionnalisme » justifie son existence comme théorie ou philosophie du droit, précisément par des éléments contingents et circonstanciels avant de l'être par des énoncés universels ou par une méthodologie propre. En effet, le « néoconstitutionnalisme » s'identifie comme étant lié à la prolifération de catalogues de droits fondamentaux dans les Constitutions d'après-guerre, ainsi qu'au renforcement du rôle de la juridiction constitutionnelle au détriment du législateur légitimé démocratiquement. En conclusion, on essaie de justifier l'existence d'une théorie juridique sur la base de questions plus sociales, historiques et politiques que strictement philosophiques ou juridiques.

Une théorie de l'autorité dans le système de principes : la théorie des principes formels

Comme nous l'avons exposé *supra*, le problème de la surconstitutionnalisation du système juridique causée par le renforcement de la force et de la portée des droits fondamentaux au sein du système juridique semble être la problématique tacite qui s'est développée à partir de la fin de la Seconde Guerre mondiale et qui en viendrait à être la caractéristique commune sous-jacente aux théories appelées le « néoconstitutionnalisme ». Les caractéristiques identificatrices du « néoconstitutionnalisme » coïncident curieusement avec l'une des critiques que les théories positivistes ont émises contre des théories non positivistes comme la théorie des principes, estimant en particulier que l'usage de la pondération, la conception des principes

---

[1] Sur les éléments caractéristiques des théories scientifiques, *cf.* Karl Popper, *La lógica de la investigación científica*, Madrid, Tecnos, 2e éd., 2008, p. 33 et s..

comme des commandements *prima facie* et l'effet d'irradiation des droits fondamentaux génèrent une perte d'autorité au sein du système juridique en favorisant plutôt une relativisation du droit positif désormais aux mains de la juridiction constitutionnelle [1]. Il semblait qu'en ce sens, le mouvement dit « néoconstitutionnel » en viendrait à n'être qu'une *fata morgana* ou un mirage de ce qui existerait en réalité : la perte de l'autorité du droit du fait de la reconnaissance des droits fondamentaux comme principes.

Cette problématique n'est pas étrangère aux théories non positivistes, dans la mesure où cela revient à chercher la manière d'introduire le critère de l'autorité dans ledit modèle. La théorie des principes a développé le concept de principe formel ou institutionnel, avec pour objectif d'incorporer des critères d'autorité et de pouvoir discrétionnaire, et ainsi de corriger l'effet de surconstitutionnalisation du système juridique qu'impliquerait un modèle fondé uniquement sur des principes matériels ou substantiels [2]. Au contraire des principes matériels, les principes formels ne disposent pas d'un contenu de « devoir

---

[1] C'est ce que l'on appelle l'objection institutionnelle ou fonctionnelle à la théorie des principes. Selon cette critique, la thèse de l'optimisation et de la pondération, dans la mesure où elle renforce de manière démesurée les droits fondamentaux, génère un déséquilibre entre les organes de prise de décisions et les organes de contrôle. *Cf.* Karl-E Hain, *Die Grundsätze des Grundgesetzes*, Baden-Baden, Nomos, 1999, p. 133. Matthias Jestaedt, « Die Abwägungslehre – ihre Stärken und ihre Schwächen », *in* Otto Depenheuer (ed.), *Staat im Wort, Festschrift für Josef Isensee*, Heidelberg, C. F. Müller, 2007, p. 253-275 ; Arno Scherzberg, *Grundrechtsschutz und Eingriffsintensität*, Berlin, Duncker & Humblot, 1989, p. 174.

[2] La distinction entre les principes formels ou institutionnels et les principes matériels ou substantifs peut se retrouver dans les premiers écrits de Dworkin : « Considérons, toutefois, ce que veut dire celui qui affirme qu'une norme déterminée est obligatoire. Il peut se référer au fait que la norme ait le soutien affirmatif de principes que le tribunal n'est pas libre d'ignorer et que, collectivement, ils aient plus de poids que d'autres principes qui défendent le changement. Si ce n'est pas le cas, tout changement serait condamné par une combinaison de principes protecteurs de la suprématie législative et du précédent, que le tribunal n'est pas libre d'ignorer. » *Cf.* Ronald Dworkin, *Los derechos en serio*, *op. cit.*, p. 92 ; Martin Borowski, « The Structure of Formal Principles – Robert Alexy's "Law of Combination" », *op. cit.*, p. 29 ; Peng-Hsiang Wang, *Defeasibility in der juristischen Begründung*, Baden-Baden, Nomos, 2004, p. 24.

être » spécifique ou concret, ni une exigence de correction morale ; ce sont plutôt des commandements généraux de validité qui exigent que les décisions d'autorité soient respectées dans la plus grande mesure possible indépendamment de la question de leur conformité ou non aux standards de la moralité. Les principes formels apparaissent certainement comme un concept étroitement lié à ceux de la compétence, du domaine du pouvoir discrétionnaire du pouvoir législatif pour la prise de décisions, et de la possibilité pour les juridictions de réaliser des pondérations. Ainsi, l'idée des principes formels se trouve intrinsèquement liée à l'idée de l'autorité dans le droit. Les principes formels contiennent donc seulement un devoir-être qui exige que les résultats de procédures autoritaires de prise de décision soient respectés dans la plus grande mesure possible. La limite du critère d'autorité exigé par les principes formels constitue uniquement le postulat « *radbruchen* » de l'injustice extrême et intolérable [1].

La problématique de la surconstitutionnalisation du système juridique porte sur la question de savoir comment garantir à l'autorité des espaces de pouvoir discrétionnaire pour la prise de décisions tout en incorporant des critères de moralité dans le concept de droit et en maintenant la nature de principes des droits fondamentaux. La discussion sur l'existence d'une théorie « néoconstitutionnaliste » qui reconstruit cette problématique à partir de la théorie de la Constitution dénature le débat théorique en limitant sa portée au sein de la théorie générale du droit.

---

[1] La formule de Gustav Radbruch postule : « Le conflit entre la justice et la sécurité juridique doit être résolu de manière à ce que le droit positif, garanti par la législation et le pouvoir, ait la primauté même quand son contenu est injuste ou inadéquat sur le plan interne pour atteindre ses objectifs, à moins que le conflit entre la loi positive et la justice atteigne un niveau si intolérable que ladite loi, en tant que droit défectueux, doive céder devant la justice. » *Cf.* Gustav Radbruch, « Leyes que no son derecho y derecho por encima de las leyes », *in Derecho injusto y derecho nulo*, Madrid, Aguilar, 1971, p. 1-21. *Cf.* également Ralf Dreier et Stanley Paulson, « Einführung in die Rechtsphilosophie Radbruchs », *in Gustav Radbruch: Rechtsphilosophie, Studienausgabe*, Heidelberg, C. F. Müller, 2e éd., 2003, p. 237-252.

*

* *

Le fait d'essayer de justifier l'existence d'un mouvement théorique appelé « néoconstitutionnalisme » est, de toute évidence, une approche réductrice, simplificatrice et décontextualisante du débat sur le concept de droit, la théorie des normes, la méthodologie des sciences juridiques et la philosophie politique. De même, fonder une critique sur les supposées thèses néoconstitutionnelles revient à tomber dans ce que l'on appelle la « tromperie de l'homme de paille », dans le sens où elles n'attaquent pas de front les théories juridiques non positivistes au cœur de leurs propres contextes mais construisent une image semblable, totalement décontextualisée et évidemment affaiblie par les critiques des positivistes qui choisissent de faire front contre cette sorte d'automate créé par eux. Cela rappelle beaucoup cet hidalgo de la Manche qui croyait être en face de géants avant de comprendre qu'il était face à des moulins à vent.

Il convient donc de se concentrer sur les problèmes auxquels la théorie du droit fait face à chacun de leurs niveaux et de leurs contextes, au lieu d'imposer des concepts exhaustifs qui décontextualisent les problématiques. Ce qui passe au niveau de la philosophie du droit, de la théorie des normes, de la méthodologie de l'interprétation juridique et de la philosophie politique, aura certainement des conséquences profondes sur la théorie de la Constitution et ses problématiques ; cependant, nous n'allons pas pour autant affirmer que c'est la théorie de la Constitution contemporaine qui génère les changements au niveau de cette discipline. Cela équivaudrait à créer une philosophie générale du droit à partir des problèmes spécifiques du constitutionnalisme contemporain, une théorie qui serait dépendante des propres changements du constitutionnalisme, et ne pourrait pas expliquer des phénomènes au niveau d'autres branches du droit, tout en manquant d'une prétention d'universalité.

LE RÉGIME PRÉSIDENTIEL CHILIEN ET LES RELATIONS ENTRE LES POUVOIRS DE L'ÉTAT DANS LA CONSTITUTION CHILIENNE

Andrés BORDALÍ SALAMANCA
Felipe PAREDES PAREDES

Le Chili connaît, depuis les débuts de la République, une forte tradition présidentielle. Celle-ci se manifeste par le fait que le président de la République est titulaire de compétences qui, traditionnellement, font partie de la fonction législative ou qui ont une incidence sur la fonction juridictionnelle. Par exemple, le président de la République exerce l'initiative législative et, en même temps, il dispose d'attributions qui ont une forte incidence sur l'organisation et le fonctionnement des tribunaux judiciaires. De ce point de vue, nous partageons l'opinion selon laquelle le présidentialisme suppose un fort déséquilibre entre les pouvoirs, avec une prédominance marquée du Président sur les pouvoirs législatif et judiciaire. En résumé, toutes les anomalies du système chilien s'expliquent au regard du présidentialisme.

Ainsi, le déséquilibre entre exécutif et législatif découle du modèle présidentialiste, et il est clair que l'actuelle conception répond à une tradition constitutionnelle qui, malgré les pratiques actuelles fortement critiquables, peut être considérée comme relevant d'un choix délibéré en ce sens. Au contraire, en ce qui concerne les relations entre le pouvoir exécutif et le pouvoir judiciaire, bien que le président de la République dispose d'attributions qui, à première vue, paraissent importantes, il existe une confusion des pouvoirs qui ne s'explique pas par une certaine distribution des compétences entre les deux pouvoirs de l'État, mais plutôt par une manière inadéquate de comprendre ce que sont les fonctions administratives et juridictionnelles, et qu'il est nécessaire de corriger.

Ainsi, nous aborderons dans ces pages, en premier lieu, certains aspects conceptuels de la dichotomie parlementarisme-présidentialisme. Puis nous analyserons les relations entre le Président et le Congrès, à la lumière de l'histoire et du cadre juridique actuel. Enfin, nous envisagerons les rapports entre le pouvoir exécutif et le pouvoir judiciaire dans la Constitution chilienne. Tout ceci nous permettra de formuler quelques brèves conclusions.

La dichotomie parlementarisme-présidentialisme

Les aspects conceptuels

La forme de gouvernement de la démocratie constitutionnelle peut emprunter différentes voies, avec comme élément caractéristique de chacune d'elles une articulation spécifique entre le principe de souveraineté populaire et le principe de séparation des pouvoirs. Traditionnellement, les auteurs ont considéré que l'axe principal de cette classification était la dichotomie parlementarisme-présidentialisme [1]. En ce sens, la meilleure manière de comprendre ladite distinction est de voir quels sont les principaux éléments qui constituent, sur le plan institutionnel, chacune de ces formes de gouvernement. Sans préjudice de ce qui précède, on doit garder à l'esprit qu'en raison de la diversité des nuances existantes dans chacune d'elles, la comparaison qui suit peut avoir une portée très générale.

Ainsi, le principe fondamental du présidentialisme est le principe de la séparation des pouvoirs, envisagé strictement, toujours considéré comme la règle essentielle qui fonde la délimitation des compétences entre le Président et le Congrès. En revanche, dans le parlementarisme, ledit principe est relativisé en faveur de la légitimité démocratique que détient le Congrès. Celle-ci se manifeste dans le principe de suprématie du Parlement, où l'Assemblée législative contrôle politiquement le Gouvernement, désignant, soutenant et destituant ses membres.

[1] Steven Fish, « Stronger Legislatures, Stronger Democracies », *Journal of Democracy*, n° 1, 2006, p. 5-6.

Cela s'exprime dans divers aspects spécifiques du schéma institutionnel, comme la désignation de l'exécutif, sa composition et les relations entre le Président et le Congrès [1].

Quant à la désignation du pouvoir exécutif, dans le cadre du parlementarisme, seul l'organe législatif est issu d'une élection populaire directe, tandis que l'exécutif est choisi selon une double procédure : les électeurs choisissent en premier l'organe législatif, puis ce dernier choisit le Gouvernement parmi ses membres, de sorte que l'exécutif découle de la corrélation des forces existantes dans l'Assemblée. Dans le présidentialisme, tant l'exécutif que le législatif sont issus d'une élection populaire, lesdits processus se déroulant de façon totalement indépendante, le chef de l'exécutif étant élu séparément de l'Assemblée et pour un mandat fixe [2].

En second lieu, en ce qui concerne la structure du pouvoir exécutif, en régime parlementaire, celui-ci est bicéphale. En effet, dans ledit régime, on distingue clairement les fonctions de chef de l'État de celles de chef du Gouvernement, lesquelles relèvent d'organes distincts. Le premier a pour mission de garantir la continuité de certaines fonctions étatiques (par exemple les relations extérieures, la promulgation de la loi, la direction des forces armées, *etc.*), symbolisant l'unité de la nation, le second ayant pour mission d'appliquer un programme politique. En régime présidentiel, chaque fonction converge vers le Président, de telle sorte que la distinction tend à s'estomper. L'explication de cette caractéristique des régimes parlementaires est que, dans le cadre de ceux-ci, le Gouvernement ne peut pas être assuré de sa permanence durant toute la législature et, par conséquent, il ne peut garantir la continuité des fonctions étatiques, comme peut le faire un président de la République durant tout son mandat présidentiel [3].

[1] Javier García Roca, « Del principio de la división de poderes », *Revista de Estudios Políticos*, n° 108, 2000, p. 49-52.
[2] John Carey, « Presidencialismo vs. Parlamentarismo », *Post Data*, n° 11, 2006, p. 122.
[3] Manuel Aragón, « Gobierno y Administración », *in* Elías Díaz et Alfonso Ruiz Miguel (eds.), *Filosofía Política II. Teoría del Estado*, Madrid, Trotta, 1996, p. 83-94.

Enfin, il convient d'analyser brièvement la nature des relations entre le Gouvernement et le législatif dans chacun des régimes. En présidentialisme, les relations politiques entre exécutif et législatif sont contingentes, et il est tout à fait possible qu'un Président puisse gouverner avec un Congrès totalement hostile. En revanche, en parlementarisme, le Parlement et le Gouvernement sont unis par une relation de confiance politique qui doit toujours subsister. Autrement dit, dans ce dernier cas, le Gouvernement, pour être investi et se maintenir en fonction, a besoin du soutien du Parlement. Selon le pays, la confiance peut être autorisée de manière explicite, par le vote d'investiture (par exemple, en Allemagne ou en Espagne), ou présumée (Angleterre), quand on considère que, par coutume, le leader du parti qui gagne l'élection bénéficie de la confiance du Parlement (par exemple en Angleterre). D'autre part, dans les systèmes parlementaires, il existe des mécanismes qui permettent de vérifier à tout moment l'état de ladite relation. En effet, il est toujours possible d'appréhender l'activité politique du Gouvernement face au Parlement à travers le vote de confiance (en vertu duquel c'est le Gouvernement qui demande le soutien du Parlement) et la motion de censure (où l'opposition estime que le Gouvernement a perdu le soutien d'une partie du Parlement).

Le régime présidentiel et les régimes présidentialistes

On peut conclure l'analyse précédente en affirmant que le régime présidentiel présente un schéma institutionnel inspiré principalement d'une interprétation stricte du principe de séparation des pouvoirs en ce qui concerne les relations entre le Président et le Congrès. Celle-ci trouve sans doute son origine dans l'un des grands apports du constitutionnalisme étasunien : la théorie des *checks and balances*. Comme on le sait, l'œuvre de Montesquieu établit que le principe de séparation des pouvoirs est essentiel pour résoudre le problème de la garantie de la liberté de l'individu face à l'État. Toutefois, il n'a jamais précisé comment la mettre en œuvre, car elle a fait l'objet de différentes interprétations de part et d'autre de l'Atlantique. La lecture étasunienne du principe de séparation des pouvoirs a considéré la Constitution comme un système délicat d'équilibres conçu pour opérer comme un artefact ingénieux qui conférerait à l'ensemble du système la légitimité politique. Ainsi, la doctrine des « freins et contrepoids », dont la paternité est attribuée à James Madison, en plus de l'idée originale selon laquelle la Constitution doit diviser la souveraineté en différentes fonctions et les attribuer à différents organes, défend, comme un point névralgique, que lesdits organes doivent présenter une configuration plus ou moins symétrique en ce qui concerne les parts de pouvoir détenues, l'établissement de mécanismes qui permettent à chacune des branches de limiter et de contrôler l'action des autres étant souhaitable. La théorie des *checks and balances* a été déterminante dans la rédaction de la Constitution des États-Unis, et elle se reflète dans beaucoup de ses institutions. Par exemple, il est établi que l'exécutif a un droit de veto limité sur la législation approuvée par le Congrès, ou encore que le Congrès a le pouvoir de changer la composition et la compétence des tribunaux fédéraux [1].

Si tout cela est certain, on pourrait penser, à première vue, que les régimes latino-américains, y compris le régime chilien, partagent cette prémisse. Toutefois, la réalité est tout autre et, au-delà de l'apparente similitude institutionnelle avec le régime présidentiel, la littérature spécialisée conclut qu'il s'agit d'un modèle substantiellement différent. La doctrine la plus autorisée soutient que le système de gouvernement de ces pays se caractérise par l'asymétrie de l'autorité entre un Président très puissant et un Congrès particulièrement faible, subordonné aux décisions du premier, lequel dispose d'un large éventail de moyens institutionnels pour maintenir sa suprématie. Parmi eux, on peut citer en particulier l'initiative exclusive dans de nombreuses matières législatives, la possibilité de prendre des décrets sur certains thèmes législatifs, comme en Argentine ou au Brésil, la détermination de l'ordre du jour des assemblées par l'initiative exclusive, la possibilité d'accélérer le rythme du travail législatif en déclarant l'urgence ou de freiner l'action du

[1] Gerhard Casper, « An Essay in Separation of Powers: Some Early Versions and Practices », *Willian and Mary Law Review*, n° 2, 1989, p. 221 et s..

Congrès en usant d'un droit de veto sans limites [1]. C'est pour cette raison que, dans ces cas, l'expression « régime présidentialiste » présente une connotation péjorative, mettant l'accent sur une sorte de déformation du modèle originel appelé « régime présidentiel ».

Le régime de gouvernement au Chili

Historiquement, il a existé au Chili une forte tradition présidentialiste que l'actuelle Constitution reprend très fidèlement. En termes généraux, le cadre normatif du président de la République est consacré par les articles 24 et 32 de la Constitution. L'article 24 présente d'une façon globale le rôle du Président dans le système constitutionnel, en tant que chef de l'État, chef du Gouvernement et chef de l'administration. Ses attributions sont synthétisées dans la formule assez catégorique par laquelle se termine ledit article : « Son autorité s'étend à tout ce qui a pour objet la conservation de l'ordre public sur le plan intérieur et la sécurité externe de la République, conformément à la Constitution et aux lois. »

Cette disposition est ensuite développée à l'article 32 qui précise sa signification concrète, ce qui se traduit par une énumération assez précise et détaillée des attributions présidentielles. En effet, cet article contient un long catalogue avec vingt alinéas, à partir duquel la doctrine a élaboré une taxonomie complète des attributions présidentielles. À ce sujet, on a l'habitude de distinguer les attributions constituantes, législatives, exceptionnelles, gouvernementales et administratives, internationales, judiciaires, militaires et financières. Comme on peut le constater, à la seule lecture du texte de la Constitution, le président de la République est clairement l'organe le plus puissant du système, et une asymétrie des forces apparaît clairement au détriment des deux autres pouvoirs de l'État. Cela se confirme, en outre, par le fait que les chapitres V et VI, relatifs respectivement au Congrès national et au pouvoir judiciaire, comportent de nombreuses dispositions qui attribuent d'autres compétences au président de la République.

---

[1] Carlos Huneeus et Fabiola Berríos, « El Congreso en el presidencialismo. El caso de Chile », *Revista SAAP*, n° 2005, p. 358.

Les relations entre le président de la République et le Congrès national dans la Constitution chilienne : un déséquilibre manifeste des pouvoirs

Pour certains auteurs, il est clair que le président de la République est l'acteur principal de la procédure législative au Chili. Pour d'autres, cette caractéristique n'est pas une nouveauté de la Constitution de 1980, et il existe une abondante littérature qui montre comment s'est très tôt développée une participation importante du premier magistrat dans les affaires législatives [1], participation qui n'a cessé de se renforcer avec le temps [2]. L'importance de son rôle s'exprime, en reprenant une distinction établie par Ackerman [3], tant dans des périodes politiques normales que dans des périodes politiques constitutionnelles ou extraordinaires. Ainsi, il n'est pas exagéré de dire que le Président possède des attributions dans les domaines suivants : la procédure d'adoption des lois, l'élaboration du budget général de la nation, la législation déléguée, la réforme et les états d'exception constitutionnelle. Dans tous ces cas, il dispose de pouvoirs qui lui permettent, s'il le juge opportun, de faire prévaloir sa volonté sur celle du Congrès.

Les attributions du président de la République dans la procédure législative

Le président de la République chilien est très présent dans la procédure législative. En effet, il intervient durant tout le processus d'élaboration et d'adoption de la loi. À ce sujet, l'article 32 alinéa 1er déclare qu'il revient au président de la République de « Concourir à la formation des lois selon la Constitution, [de] les sanctionner et [de] les promulguer ». En résumé, l'exécutif a la possibilité d'exercer un contrôle sur presque toute la procédure, faisant de l'intervention du Congrès,

---

[1] Alberto Edwards, « La Constitución de 1833 », *Revista Chilena de Derecho*, 1975, p. 2-11.

[2] Arturo Fermandois et José Francisco García, « Origen del presidencialismo chileno: reforma constitucional de 1970, ideas matrices e iniciativa legislativa exclusiva », *Revista Chilena de Derecho*, n° 2, 2009, p. 281-311.

[3] Bruce Ackerman, *We the People: Foundations*, Cambridge The Belknap Press of Harvard University press, 1993, p. 3-6.

dans de nombreuses occasions, un simple élément superflu. Nous analyserons cette question sans développer chacun des différents outils qui permettent au président de la République d'exercer une fonction de colégislateur presque comme le Congrès. Ces outils sont les suivants : l'initiative, la participation à la discussion, l'urgence, le veto et la légitimation active devant le Tribunal constitutionnel.

L'initiative

L'initiative est la première phase du processus de formation d'une loi. Elle consiste en « l'acte par lequel un projet de loi est soumis à l'appréciation de l'organe ou du pouvoir législatif [1] ». Dans la nomenclature nationale, on parle de motion quand elle provient de l'une des chambres, et de message quand elle émane du président de la République. Il convient de remarquer qu'au Chili, l'initiative populaire n'existe pas, et que les autorités régionales n'ont pas non plus la légitimité pour soumettre une proposition de loi au Congrès.

Le fait que le président de la République ait un droit d'initiative législative n'est en soi critiquable qu'au regard du principe de séparation des pouvoirs. Pour la même raison, dans le modèle présidentiel, l'exécutif est généralement privé de ladite prérogative [2]. Toutefois, au Chili, le président de la République a également un pouvoir d'initiative exclusif dans les matières énumérées aux alinéas 3 et 4 de l'article 65 de la Constitution. Selon María de La Paz Sanchez, bien que l'initiative exclusive ne soit pas la règle générale en Amérique latine, historiquement, plusieurs textes constitutionnels ont consacré cette attribution pour faire du président de la République le véritable moteur qui oriente les dépenses publiques et l'économie du pays[3]. En réalité, au Chili, la liste est un peu plus hétérogène

[1] Pablo Ruiz-Tagle, « El presidencialismo chileno: evolución de sus atribuciones constitucionales y propuestas de reforma », *Revista de Derecho Público*, n° 76, 2012, p. 230.
[2] Comme nous le savons, le Président des États-Unis n'a pas de droit d'initiative législative, hormis les dispositions du premier alinéa de l'article 1 section 7 sur les questions fiscales et budgétaires, y compris la loi de finances.
[3] María de la Paz Sánchez, « Caracterización y problemática del presidencialismo iberoamericano », *Revista de derecho de la PUCP*, n° 53, 2000, p. 280.

que dans le reste du continent. Dans cette perspective, elle inclut, en plus des questions strictement fiscales, d'autres qui reflètent purement et simplement l'adhésion à un modèle bien défini de politique économique, comme le fait de « fixer les rémunérations minimales des travailleurs du secteur privé [1] » ou d'« établir ou modifier les normes de sécurité sociale [2] ». Tout ceci démontre que, dans ce domaine, la Constitution chilienne va toujours un peu plus loin que ses homologues.

La participation aux séances de l'assemblée et de la commission

Une attribution qui ne soulève pas de problème majeur, mais qu'il est nécessaire de mentionner pour donner une cohérence à nos propos, est celle relative à la participation de l'exécutif aux processus de discussion et d'adoption des accords par les chambres. À ce sujet, l'article 37 dispose que les ministres pourront assister aux séances de la Chambre des députés ou du Sénat et participer à leurs débats, de préférence pour prendre la parole, mais sans droit de vote. Ledit article ajoute que, durant le vote, les ministres pourront répondre aux opinions émises par tout député ou sénateur après avoir justifié leur vote.

De même, il est important de souligner qu'outre le fait que l'exécutif puisse participer à la procédure législative par le biais des projets de lois des ministres dans des domaines spécifiques correspondant à leurs fonctions, il existe un Secrétariat général de la présidence chargé de faciliter et de coordonner le développement et l'application de l'agenda programmatique et d'assurer le suivi de l'élaboration des projets de loi.

L'urgence

L'urgence est l'acte par lequel le président de la République décide qu'un projet de loi doit être discuté et voté dans un délai déterminé. Il s'agit d'un mécanisme fondamental pour comprendre le déséquilibre de forces entre le président de la République et le Congrès, puisqu'à partir de l'urgence, l'exécutif

---

[1] Article 63 alinéa 4 n° 5 de la Constitution.

[2] Article 63 alinéa 4 n° 6 de la Constitution.

établit le programme législatif. Ainsi, au Chili, l'exécutif, non seulement détermine ce qui va être discuté, mais aussi quand le faire, ou du moins quelles sont les questions qui auront la priorité. À ce sujet, l'article 74 de la Constitution établit que « le président de la République pourra déclarer l'urgence, devant le bureau, d'un projet pour l'un des éléments de la procédure ou pour tous et, dans un tel cas, la Chambre devra se prononcer dans le délai maximal de trente jours ». Plus concrètement, la loi organique du Congrès, dans son article 26, distingue trois types d'urgence. Quand un projet est qualifié d'une urgence simple, sa discussion et son vote dans la Chambre requise doivent respecter le délai de trente jours ; s'il est qualifié d'urgence absolue, ce délai sera de quinze jours ; et si une discussion immédiate est demandée, le délai est ramené à six jours.

Bien sûr, il revient au président de la République de qualifier l'urgence. Cette attribution est définie en des termes si discrétionnaires qu'aucune motivation n'est requise, et tout projet de loi ou toute partie d'un projet de loi peut faire l'objet de la mise en œuvre de la procédure d'urgence. De même, l'urgence peut s'appliquer à un projet ou être retirée à chaque fois que le président de la République l'estime souhaitable.

Le veto

Au sens premier, on peut concevoir le veto comme l'acte par lequel le président de la République manifeste son opposition à une loi approuvée par le Congrès, en empêchant son approbation. Le veto est né aux États-Unis en tant que composante du système de *checks and balances*. Sans doute cette institution suppose-t-elle une atténuation importante du principe d'autonomie politique parce qu'il est logique que, dans ledit système, ce principe soit soumis à des conditions rigoureuses : dans sa formulation originelle, le veto seul peut être total et prohibitif [1]. Cela paraît tautologique, mais il est nécessaire de le souligner pour mettre en évidence la différence avec le modèle chilien

[1] Sous la présidence de Bill Clinton a été adoptée une loi qui permettait le vote partiel (*item veto*), le *Line Item Veto Act* de 1996, laquelle fut déclarée inconstitutionnelle par la Cour suprême. *Cf.* le jugement *Clinton v. City of New York*, 524 U.S. 417 (1998).

puisque, dans sa configuration originelle, le veto est un outil qui doit être utilisé avec le plus grand soin, le prix politique à payer étant élevé [1]. Au Chili, il y a de fortes incitations en faveur d'une large utilisation du veto présidentiel, d'une part, parce que le veto partiel est permis, d'autre part, parce que le président de la République peut compléter des dispositions des projets de loi (on parle alors de veto additif ou modificateur, selon le cas).

Ainsi, l'article 73 de la Constitution souligne que « Si le président de la République désapprouve le projet, il le renvoie à la Chambre d'origine avec les observations qui conviennent, dans le délai de trente jours ». Dans tous les cas, on doit respecter une seule limite : on n'admettra pas les observations qui n'ont pas de relation directe avec les idées originelles ou fondamentales du projet.

La légitimation du soulèvement d'une question de constitutionnalité

Bien que le président de la République et les chambres puissent soulever une question de constitutionnalité, il ne fait aucun doute que, dans les deux cas, il s'agisse d'un outil puissant pour négocier et obtenir des résultats favorables dans la lutte politique que suppose l'approbation d'une loi. Cependant, dans le contexte que nous venons de décrire, il est clair que le recours au Tribunal constitutionnel bénéficie plus au premier qu'au second.

Ainsi, l'article 93 n° 3 de la Constitution attribue au Tribunal constitutionnel la compétence pour « Résoudre les questions sur la constitutionnalité qui sont soulevées durant la procédure d'adoption des projets de loi ou de réforme constitutionnelle et des traités soumis à l'approbation du Congrès ». L'affaire est en soi si complexe que cela explique pourquoi plusieurs pays ont choisi de supprimer le contrôle préventif des lois [2]. Si à cela

---

[1] Sans préjudice de ce qui précède, on a développé ici une alternative moins couteuse, mais avec comme contrepartie une utilisation exceptionnelle. Il s'agit du veto de poche.

[2] Eduardo Aldunate, « Problemas del control preventivo de constitucionalidad de las leyes », *Estudios Constitucionales*, n° 1, 2005, p. 119-126 ; Javier Pérez

nous ajoutons le grave problème originel de manque de légitimité démocratique dont souffre le système chilien, l'affaire devient encore plus sérieuse. Il ne faut pas oublier, non seulement que la juridiction constitutionnelle produit des effets dans le processus d'approbation des lois quand elle déclare expressément l'inconstitutionnalité d'une norme, mais aussi qu'il existe ce que l'on appelle les « effets indirects » produits quand le législateur, devant la menace d'une déclaration d'inconstitutionnalité et, par conséquent, d'un échec politique, s'autolimite en modifiant ses objectifs initiaux afin de réduire ainsi les possibilités de soumettre le projet à la juridiction constitutionnelle [1]. Ainsi, le Tribunal constitutionnel devient un outil habituellement utilisé pour obtenir une victoire face au Congrès.

Cela relève directement de la discussion relative à la légitimité démocratique, puisque ce qui caractérise les autorités dans un système démocratique est que celles-ci sont responsables de leurs actions [2]. Si nous acceptons que le Tribunal constitutionnel finisse par se substituer aux organes politiquement élus, surtout dans le contexte d'une période politique agitée, il n'y aura alors plus, dans le système chilien, de possibilité de demander des comptes et de mettre en cause la responsabilité pour ces décisions, bien que ces dernières soient prises en dernier lieu par les organes politiques au sens strict. Ainsi, dans ce contexte également, le président de la République se trouve dans une meilleure position que le Congrès puisque, pour soulever une question de constitutionnalité, le premier n'est soumis à aucune limitation, alors que, dans le cas des chambres, la requête doit être présentée par au moins le quart de leurs membres, ce qui prive clairement de cette possibilité les groupes parlementaires n'appartenant pas à l'une des deux grandes coalitions.

Royo, « Crónica de un error: el recurso previo de inconstitucionalidad contra leyes orgánicas », *Revista Española de Derecho Constitucional*, n° 17, 1986, p. 137-170.

[1] Alex Stone, « Constitutional Courts and Parliamentary Democracy », *West European Politics*, n° 1, 2002, p. 94.

[2] Philippe Schmitter et Terry Karl, « What Democracy Is… and Is Not », *Journal of Democracy*, n° 3, 1991, p. 75.

La législation déléguée

Depuis la réforme constitutionnelle de la loi n° 17.284, l'exécutif peut approuver des normes de rang législatif par une délégation de compétences préalable du Congrès. Dans la nomenclature locale, on a l'habitude de parler des décrets ayant force de loi (DFL) et, actuellement, la norme qui les réglemente est l'article 64 de la Constitution. Selon Humberto Nogueira [1], « le décret ayant force de loi est un acte émanant du pouvoir administratif qui revêt la forme d'un décret, mais qui traite de matières relevant de la loi, et qui doit respecter les dispositions et les limites prévues par la Constitution de la République et par la loi d'habilitation ».

Évidemment, il s'agit là d'une procédure qui s'est largement diffusée dans le monde, y compris dans les régimes parlementaires. Dans le même sens, il est apparu très clairement quelles sont les raisons qui justifient son existence, parmi lesquelles se détachent les raisons pragmatiques, par exemple, dans le cas de législations économiques ou portant sur des sujets hautement techniques, matières dans lesquelles le personnel des ministères est le mieux à même d'élaborer une réglementation en termes clairs [2]. Il est alors certain qu'il faille en conclure que les problèmes sembleraient se poser dans des cas déterminés d'abus qui se produisent dans la régulation ou la pratique. En effet, selon Teresa Freixas[3], la législation déléguée est présentée comme une altération ou une situation d'exception par rapport aux principes qui déterminent les relations entre la loi et le règlement. Dans cette perspective, le premier abus que l'on peut signaler consiste à faire d'une formule exceptionnelle et opposée à l'ordre normal des pouvoirs une procédure législative ordinaire[4]. C'est justement le cas au Chili, où l'on confie au président de la République le droit d'initiative dans ce type de

---

[1] Humberto Nogueira, « La delegación de facultades legislativas en el ordenamiento jurídico chileno », *Ius et Praxis*, n° 2, 2001, p. 73-85.

[2] Kamel Cazor, « Los alcances de la legislación delegada en Chile y su control jurisdiccional », *Revista de Derecho Público*, 2015, p. 40.

[3] Teresa Freixas, « La legislación delegada », *Revista Española de Derecho Constitucional*, n° 28, 1990, p. 126.

[4] Yves Gaudemet, « Sobre el Abuso o Algunos Abusos de la Legislación Delgada », *Revista de Derecho del Estado*, n° 15, 2003, p. 18.

matières, c'est-à-dire sous réserve que l'impulsion puisse incomber au Congrès et que le président de la République puisse solliciter une délégation de compétences. Comme le montre Eduardo Cordero[1], la pratique historique dans le constitutionnalisme chilien est précisément allée dans ce sens, en faisant du décret ayant force de loi une norme qui coexiste avec la loi dans le système de sources de droit habituel.

Une seconde situation problématique concerne l'existence de catégories spéciales de décrets ayant force de loi et qui, selon nous, renforcent également le pouvoir du président de la République. Le cas paradigmatique est la possibilité d'édicter ce type de normes en matière d'approbation des traités internationaux. Ainsi, l'article 54 n° 1 *in fine* signale : « Dans le même accord approuvant un traité, le Congrès pourra autoriser le président de la République, tant que celui-ci sera en application, à prendre les dispositions ayant force de loi qu'il estime nécessaires pour son application intégrale. »

Le budget de la Nation et les décrets d'urgence économique

Bien qu'il n'ait pas formellement ce caractère, le budget de la Nation a acquis, dans tous les systèmes politiques, un rôle clef en tant qu'instrument de contrôle et de lutte politique. De ce fait, la grande majorité des Constitutions a choisi de l'encadrer juridiquement sur la base de quelques dispositions plus ou moins communes. Ainsi, l'exécutif a normalement le droit d'initiative, les possibilités de modifier le projet original dans le cadre de la discussion parlementaire sont limitées, celui-ci demeure en vigueur pour une année, et il prend la forme d'une loi [2]. En outre, chaque système possède ses particularités qui découlent de la forme de gouvernement établie en termes généraux.

Ainsi, au Chili, le président de la République possède les attributions qui en font le vrai centre de gravité en matière finan-

[1] Eduardo Cordero, « La legislación delegada en el Derecho chileno y su función constitucional », *Estudios Constitucionales*, n° 2, 2010, p. 49-86.

[2] Gerónimo Gutiérrez et al., *El proceso presupuestario y las relaciones entre los órganos del poder. El caso mexicano en perspectiva histórica y comparada*, México D. F., UNAM, 2001.

cière et, en pratique, l'artisan unique de la loi de finances. En effet, durant le processus d'approbation du budget, le facteur unique qui peut vraiment permettre de contrecarrer la volonté politique du président de la République est l'opinion publique, l'opposition consacrant normalement tous ses efforts à la discussion, et les échanges entre les partis étant relayés par les médias.

Ce régime de prédominance absolue du président de la République doit respecter les règles suivantes.

Le projet, qui relève de l'initiative exclusive du président de la République, doit être voté et approuvé par le Congrès dans le délai de soixante jours à compter de sa présentation. Si tel n'est pas le cas, celui-ci entre en vigueur. Il convient de souligner que la Constitution de 1980 modifie la disposition de la Constitution de 1925 qui établissait que si le projet de loi de finances n'était pas adopté, celui de l'année précédente était prorogé pour une année.

Le Congrès national ne peut augmenter ni diminuer l'évaluation des recettes ; il peut seulement réduire les dépenses prévues par le projet de loi de finances, à l'exception de celles qui sont établies en vertu d'une loi permanente.

Le Congrès ne pourra pas approuver de nouvelles dépenses sans indiquer, en même temps, les recettes nécessaires pour couvrir ces frais.

Si les recettes autorisées par le Congrès sont insuffisantes pour financer les nouvelles dépenses approuvées, le président de la République, en promulguant la loi, après rapport favorable de l'organe chargé de collecter la nouvelle recette, authentifié par l'Inspection des finances générale de la République, devra réduire proportionnellement toutes les dépenses, quelle qu'en soit leur nature.

Sous réserve des pouvoirs exorbitants du président de la République, il faut convenir que la Constitution établit le principe de légalité comme idée générale qui structure toute la politique économique. Toutefois, dans la Constitution chilienne, il existe une exception à ce principe et, comme elle ne pouvait pas l'être d'une autre manière, celle-ci est établie au bénéfice du président de la République. Ainsi, l'article 32 n° 20 de la Constitution dispose :

> Le président de la République, avec la signature de tous les ministres d'État, pourra décréter des paiements non autorisés par la loi, pour répondre aux nécessités urgentes découlant de calamités publiques, d'agression extérieure, de trouble intérieur, de dommages graves ou de danger pour la sécurité nationale, ou d'épuisement des ressources destinées à maintenir des services qui ne peuvent être paralysés sans causer un préjudice sérieux pour le pays.

Comme on peut le voir, dans cette hypothèse que la doctrine appelle les décrets d'urgence économique, le président de la République autorise des dépenses qui ne sont pas prévues par la loi de finances. Évidemment, il s'agit d'une hypothèse exceptionnelle dans laquelle on doit justifier la survenue d'un fait habilitant et limiter les dépenses décrétées par cette voie à 2 % des dépenses prévues par la loi de finances.

Les attributions constitutionnelles et exceptionnelles

Le président de la République, non seulement agit en tant que pouvoir constitué, mais a aussi d'importantes attributions en rapport avec la modification et la défense de l'ordre constitutionnel.

Concernant le premier point, il convient de se référer à ce que nous avons dit à propos de la participation à la procédure d'adoption des lois, que l'on peut reprendre en ce qui concerne la réforme constitutionnelle, en vertu des dispositions de l'article 127 dernier alinéa de la Constitution. En résumé, le président de la République dispose d'un droit d'initiative de la réforme (et d'un droit d'initiative exclusif dans certaines matières), peut prendre part au débat des assemblées, déclarer l'urgence et mettre son veto aux projets de réforme constitutionnelle. En outre, selon l'article 128, il peut organiser un référendum pour trancher le désaccord avec le Congrès à l'occasion de l'exercice du droit de veto, quand ce dernier est rejeté par une majorité des deux tiers des sénateurs et des députés au Congrès.

En ce qui concerne le second point, c'est-à-dire la défense de la Constitution, il se rattache directement aux attributions en matière d'état d'exception constitutionnelle. La question de la détermination de l'institution qui doit être la gardienne de la

Constitution a fait l'objet de débats passionnés dans les cercles académiques, mais a eu aussi d'importantes implications dans le projet institutionnel de plusieurs pays. Pour résumer, après la Seconde Guerre mondiale, sans préjudice du fait que les Constitutions ont universellement incorporé des modèles de défense juridique de la suprématie constitutionnelle, en aucun cas cela n'a signifié l'abandon de mécanismes de défense consistant en des attributions accordées directement aux organes politiques.

Au Chili, le président de la République est investi d'une série de pouvoirs généraux dans le but, par exemple, « de préserver l'indépendance de la nation, de sauvegarder et faire sauvegarder la Constitution et les lois ». Du point de vue de ses attributions, cette obligation est liée à celle consacrée par l'alinéa 5 de l'article 32 de la Constitution, c'est-à-dire la déclaration des états d'exception constitutionnelle. Selon Francisco Fernández Segado, nous pouvons définir cette institution comme celle qui consiste en

> l'ensemble de circonstances prévues, au moins en termes généraux, par les normes constitutionnelles, qui perturbent le fonctionnement normal des pouvoirs publics et menacent les institutions et les principes fondamentaux de l'État et dont l'effet immédiat est la concentration, entre les mains du Gouvernement, de pouvoirs ou de fonctions qui, en temps normal, doivent être séparés ou limités [1].

Ainsi, selon l'article 42 de la Constitution, par la déclaration de l'état de siège,

> le président de la République pourra restreindre la liberté de déplacement et maintenir les personnes à résidence ou dans des lieux que la loi détermine et qui ne sont, ni des prisons, ni destinés à la détention ou à l'emprisonnement d'inculpés de droit commun. Il pourra, en outre, suspendre ou restreindre l'exercice du droit de réunion.

Le droit constitutionnel latino-américain, dans pratiquement tous les cas, prévoit et réglemente les états d'exception constitutionnelle pour faire face avec efficacité et rapidité à des situations d'urgence grave, mais les qualifications et les outils pour

[1] Francisco Fernández Segado, *Las constituciones históricas españolas*, Madrid, Civitas, 1986.

les décider et les mettre en œuvre sont très variés [1]. C'est ainsi que, dans la Constitution de 1980, il existe certaines caractéristiques qui renforcent la compétence discrétionnaire du président de la République, avec une abondante typologie de situations, ainsi qu'une faible intervention du Congrès. Concrètement, on distingue quatre états d'exception (rassemblement, siège, catastrophe et urgence) dans des hypothèses extrêmement larges (guerre étrangère ou civile, trouble interne, urgence et calamité publique). D'autre part, ce n'est que dans deux de ces catégories que le Congrès intervient dans la procédure de déclaration de l'état d'exception (rassemblement et siège), mais dans des conditions assez strictes. Par exemple, le président de la République propose au Congrès la déclaration d'état de siège ou de rassemblement, ladite déclaration devant être faite dans le délai de cinq jours, faute de quoi la proposition du président de la République sera considérée comme acceptée. En outre, le président de la République doit appliquer provisoirement les mesures de restriction des droits durant ce délai.

La relation entre le Président de la République et la magistrature

Les possibilités d'intervention du président de la République dans la nomination et la démission des juges

L'une des caractéristiques essentielles d'un État démocratique de droit est qu'il assure une adéquate séparation des pouvoirs, avec une référence spéciale au pouvoir judiciaire. Cette séparation des pouvoirs, dans le cas des juges, doit signifier que le pouvoir politique n'interfère pas dans l'exercice de la compétence juridictionnelle, de telle sorte que les juges puissent appliquer impartialement la loi dans un cas concret, en particulier quand les pouvoirs politiques ou certains de leurs membres peuvent figurer comme parties aux procès.

Mais l'indépendance judiciaire ne doit pas signifier la consécration d'un pouvoir autarcique complètement délié du pouvoir politique, lequel, dans une démocratie représentative,

---

[1] Héctor Fix-Zamudio, « Los estados de excepción y la defensa de la constitución », *Boletín Mexicano de Derecho Comparado*, n° 111, 2004, p. 809.

constitue le principal canal de communication avec les citoyens. Cela signifie qu'un certain type de communications ou de relations doit exister entre les juges et le pouvoir politique représentatif. Dans le cas contraire, on court le risque d'un gouvernement des juges en marge des mandats légaux formels et des besoins et des intérêts des citoyens.

Le point central sera d'établir une relation adéquate entre les juges et le pouvoir politique, de telle sorte que ces juges demeurent toujours un pouvoir indépendant qui applique impartialement la loi dans les cas concrets. Pour que tout cela soit possible, au moins deux choses sont nécessaires : d'une part, que le pouvoir politique, en particulier l'exécutif, n'ait pas une influence absolue ou essentielle sur la désignation des juges, d'autre part, que ce pouvoir politique ne puisse destituer les juges.

Historiquement, c'est l'exécutif qui est le plus intervenu sur la magistrature. C'est le modèle de magistrature qui a dominé en Europe durant tout le XIXe siècle et une partie du XXe siècle. Ce n'est qu'avec la création des Conseils de la magistrature, après la Seconde Guerre mondiale, que l'on peut dire que la magistrature européenne a été libérée de l'influence du pouvoir exécutif.

Au Chili, l'exécutif n'a jamais eu un pouvoir très important sur la magistrature. Cela a toujours été la Cour suprême qui a exercé un contrôle sur l'ensemble de la magistrature.

Dans la Constitution de 1980, c'est l'article 32 qui encadre les pouvoirs du président de la République sur les juges. Ces pouvoirs sont :

- la nomination des magistrats et des procureurs des cours d'appel et des magistrats professionnels, sur proposition, respectivement, de la Cour suprême et des cours d'appel ; des membres du Tribunal constitutionnel, qu'il lui revient de désigner ; et des magistrats et desprocureurs de la Cour suprême, et du procureur national, sur proposition de cette Cour et avec l'accord du Sénat, tout ceci conformément aux dispositions de la Constitution (article 32 n° 12) ;

- veiller à la gestion ministérielle des juges et des autres employés du pouvoir judiciaire et, dans ce but, demander à la Cour suprême de proclamer si nécessaire leur comportement mauvais, ou au ministère public de réclamer au tribunal compétent des mesures disciplinaires ou, si cela est mérité, pour qu'il prononce une mise en accusation (article 32 n° 13).

Ces dispositions montrent clairement que le président de la République participe, avec la Cour suprême et les cours d'appel, à la désignation des juges de la République. La Cour suprême propose cinq noms, ou les cours d'appel trois noms, et le président de la République nomme un magistrat parmi ces cinq ou trois noms. Et s'il s'agit de magistrats ou de procureurs de la Cour suprême, cette désignation par le président de la République doit être ratifiée par le Sénat, et c'est la raison pour laquelle cette désignation ouvre un grand espace de négociation politique entre la coalition politique du président de la République et les forces politiques du Sénat. Il est clair que le président de la République ne peut désigner seul les juges.

Ces derniers peuvent être écartés de leur poste pour mauvaises qualifications déclarées par la Cour suprême ou par les cours d'appel, selon le cas, par un jugement de mobilité devant la juridiction elle-même dans les cas prévus par la loi, par une décision de la Cour suprême pour mauvais comportement, pour condamnation pénale exécutoire, et par une mise en cause politique formulée par dix à vingt députés et décidée par le Sénat statuant comme jury. En cas de mauvais comportement d'un juge, le Président peut demander à la Cour suprême sa révocation, mais cette Cour est souveraine pour décider ou non de mettre fin à ses fonctions. En définitive, dans le système juridique chilien, le président de la République n'est pas autorisé à démettre de ses fonctions un juge de la République.

En ce qui concerne le jugement politique, il ne concerne que les magistrats des tribunaux supérieurs de justice, c'est-à-dire des cours d'appel et de la Cour suprême. Les autres juges ne peuvent être mis politiquement en accusation. La cause qui justifie de les relever de leurs fonctions est une négligence notable dans l'accomplissement de leur devoir.

Le président de la République ne peut pas intervenir dans le jugement politique, car dix à vingt députés participent à la première phase de mise en accusation. Ensuite, l'ensemble de la Chambre de députés déclare s'il y a lieu ou non à la mise en accusation, et le Sénat proclame définitivement la destitution du ou des magistrats.

Les interférences des pouvoirs politiques dans l'exercice exclusif de la juridiction par les tribunaux de justice

La Constitution de 1980 garantit très bien la séparation des pouvoirs dans l'État chilien, l'article 76 alinéa 1er indiquant que l'exercice de la fonction juridictionnelle, c'est-à-dire la connaissance, la résolution et, le cas échéant, l'application des jugements civils et pénaux, relèvent exclusivement des tribunaux établis par la loi.

Toutefois, cette exclusivité, qui est directement liée à la doctrine de la séparation des pouvoirs et à l'indépendance des juges dans l'exercice de la fonction juridictionnelle, est fortement limitée par certaines dispositions constitutionnelles et par l'interprétation qu'en fait une partie de la doctrine et de la jurisprudence. En effet, l'article 76 alinéa 1er établit que « ni le président de la République, ni le Congrès, ne peut en aucun cas exercer des fonctions judiciaires, intervenir dans des affaires en cours, réviser les fondements ou le contenu de leurs décisions ou rouvrir des procès menés à leur terme ».

La doctrine a interprété cette disposition d'une manière très littérale. Le président de la République ne peut exercer de fonction juridictionnelle, mais rien n'empêche tout autre membre du Gouvernement ou de l'administration d'État de le faire. La Constitution interdit au président de la République d'exercer une fonction juridictionnelle, mais un subordonné, comme un ministre d'État, peut le faire. Et il en va de même avec les autres agents publics, comme un sous-secrétaire, un secrétaire régional ministériel, un chef de service, un surveillant, un intendant, un gouverneur, un maire, un directeur général de carabiniers, un général de l'armée, *etc.*. Ceux-ci, en vertu des dispositions constitutionnelles et de leur interprétation littérale, pourraient légitimement exercer la fonction juridictionnelle. Et ils l'ont déjà fait, ou le font encore, comme le ministre des Transports et des Télécommunications, le directeur général du service des impôts internes, le surintendant de la santé, *etc.*.

Et il en va de même en ce qui concerne le Congrès national. Ce dernier ne peut pas exercer la fonction juridictionnelle, mais seulement une partie de celle-ci, comme c'est le cas de nos jours avec le Sénat dont on estime majoritairement qu'avec le jugement politique il exerce une fonction juridictionnelle.

Mais ce n'est pas tout. Il existe dans la Constitution une autre disposition qui affecte aussi le principe de la séparation des pouvoirs et l'indépendance des juges. Il s'agit de l'article 19 n° 3 alinéa 6 de la Constitution : « Tout jugement d'un organe qui exerce une fonction juridictionnelle doit être fondé sur un procès préalable conduit légalement. Il revient au législateur de toujours établir les garanties d'une procédure et d'une enquête rationnelles et justes. »

Le problème de cette disposition constitutionnelle est qu'elle paraît doubler les organes qui exercent la fonction juridictionnelle : les tribunaux de justice et les organes qui exercent une fonction juridictionnelle.

Il faut dire que la majorité de la doctrine conteste que l'exercice de la fonction juridictionnelle ne soit pas réservé, par la Constitution de 1980, aux tribunaux qui relèvent du pouvoir judiciaire, et ceci sur le fondement de l'article 19 n° 3 alinéa 6 de la Constitution. En effet, la Commission d'études de la nouvelle Constitution (CENC), lors de sa 103e session, a déclaré que l'organe qui exerce une fonction juridictionnelle est tout organe qui tranche un conflit, c'est-à-dire les tribunaux ordinaires, les tribunaux administratifs, l'inspection des Finances de la République, les services fiscaux, les tribunaux arbitraux, *etc.*. En outre, conformément à cela, une partie de la doctrine affirme que le terme « jugement » qu'emploie la disposition constitutionnelle ne se réfère pas exclusivement au jugement judiciaire, au sens procédural technique, mais à toute « résolution » d'une autorité à qui il revient de connaître et de faire exécuter des jugements concernant une affaire civile ou criminelle, c'est-à-dire d'exercer une fonction juridictionnelle.

Mais, sur cette question, il faut préciser un point très important. C'est une chose d'affirmer que les tribunaux qui font partie du pouvoir judiciaire ne sont pas les seuls à exercer la fonction juridictionnelle, cela en est une autre de postuler que la fonction juridictionnelle peut être exercée par des organes qui ne sont pas des tribunaux. Il n'y a aucun problème, par exemple, à ce qu'un tribunal de police local exerce une fonction juridictionnelle. Il s'agit d'une juridiction qui ne fait pas partie de la structure administrative et bureaucratique que l'on appelle le pouvoir judiciaire, mais le tribunal de police local remplit toutes les conditions d'indépendance et d'impartialité pour exercer la fonction juridictionnelle en tant que tribunal.

Au contraire, que le service des impôts interne ou une section de celui-ci exerce une fonction juridictionnelle pose problème. Il en va de même lorsqu'on charge le ministre des Transports et des Télécommunications de trancher par exemple un litige relatif à des concessions. Que ce service ou ce ministre exerce une fonction juridictionnelle est tout aussi contraire à la Constitution que le fait de charger le ministre de l'Intérieur ou le directeur général des carabiniers de connaître et de juger des affaires de crimes terroristes.

Et le problème découle de la conception qu'avaient les rédacteurs de la Constitution de 1980 de la fonction juridictionnelle. Pour eux, exercer une juridiction pouvait signifier deux choses : d'une part, la connaissance et la résolution d'un litige juridique par un agent autorisé par loi, d'autre part, l'application de la loi à un cas concret par un agent autorisé par la loi. Les deux positions ont en commun le fait que la fonction juridictionnelle peut être exercée par tout organe de l'État, que ce soit un tribunal ou un organe relevant du Gouvernement ou de l'administration d'État, le Sénat, la Chambre des députés, les forces armées ou des organes autonomes. Mais elles se distinguent par le fait que, dans la première hypothèse, il existe un différend juridique, c'est-à-dire deux parties opposées et une troisième qui tranche, alors que dans la seconde hypothèse, cette structure bilatérale de deux parties opposées et d'un tiers qui tranche n'est pas nécessaire. Ainsi, dans cette conception, si l'administration applique une sanction à un sujet dans le cadre de ses compétences, elle exerce une fonction juridictionnelle.

Les deux thèses sont contraires au principe de séparation de pouvoirs et supposent une atteinte radicale au principe de l'indépendance du pouvoir judiciaire.

Dans les deux thèses, la fonction juridictionnelle se définit simplement par la fonction, jamais par l'organe qui l'exerce. La structure de l'organe qui tranche le conflit juridique ou applique le droit à un cas concret n'a aucune importance.

C'est cette conception fonctionnaliste que pose ce précepte constitutionnel et qui devrait être supprimée de notre Constitution. Il n'y a aucun problème à ce qu'il existe une certaine confusion des pouvoirs entre l'exécutif et le Congrès national, mais il y en a une en ce qui concerne la juridiction. En ce sens, il n'y a rien d'exceptionnel à ce que le président de la République ait un pouvoir d'initiative législative exclusive dans certaines matières, ou qu'il puisse déclarer l'urgence de l'adoption de certaines lois, mais il y a une atteinte à l'État de droit et à la séparation des pouvoirs si le président de la République ou ses collaborateurs exercent une fonction juridictionnelle.

D'autre part, comme ce précepte se situe dans la partie dogmatique de la Constitution, c'est-à-dire dans la régulation des droits, des libertés et des garanties des personnes, on doit l'interpréter plus en termes de garantie que dans sa dimension organique. Quelle garantie les rédacteurs de la Constitution de 1980 ont-ils voulu consacrer ?

La thèse que nous défendons ici part du fait que l'intention des rédacteurs de l'actuel article 19 n° 3 alinéa 6 de la Constitution n'était pas de se centrer sur certains organes, en plus des tribunaux de justice. Ce que l'on a tenté, en reprenant ce précepte constitutionnel, était d'assurer une garantie pour les personnes, en ce qui concerne certaines fonctions de l'État, et non pour des organes de l'État. Autrement dit, il importait pour les rédacteurs de cette disposition constitutionnelle que, quand l'administration ou un autre pouvoir de l'État aura pris une décision concernant les droits et les intérêts des personnes, celle-ci fût rationnelle et juste, c'est-à-dire qu'elle ne fût pas arbitraire. En ce sens, ce précepte constitutionnel peut être interprété comme l'incorporation dans le droit constitutionnel chilien du principe d'interdiction de l'arbitraire (principalement) de l'administration de l'État, ou bien comme l'exigence de l'activité de tous les pouvoirs de l'État dans le respect du droit à un procès équitable au fond.

Par conséquent, la garantie constitutionnelle concerne certaines conditions d'activité – avec rationalité et justice – des organes de l'État, et non l'incorporation de nouveaux organes de l'État (les organes qui exercent une juridiction).

Cette préoccupation des rédacteurs de la disposition est liée au problème politique et idéologique antérieur à la Constitution de 1980. Nous nous référons à l'administration du Gouvernement de Salvador Allende quand il procédait à l'expropriation et à la réquisition de biens dans le processus de « socialisation des moyens de production ». C'était aussi le problème de la liberté d'expression et des droits de réunion et d'association. Cette administration, aux yeux des rédacteurs de la Constitution de 1980, agissait d'une manière arbitraire en portant atteinte aux droits fondamentaux des citoyens, sans entendre la victime, sans respecter le droit de la défense, sans fonder correctement sa décision, *etc.*.

En ce sens, avec l'incorporation de la disposition de l'actuel l'article 19 n° 3 alinéa 6 de la Constitution, on a voulu soumettre les décisions et les activités du Gouvernement et de l'administration à certains critères de rationalité et de justice, quand elles avaient une incidence sur les droits et les intérêts des citoyens. Tout cela semble très raisonnable et correspond à des expériences connues en droit européen et américain. Un problème s'est posé, toutefois, en changeant de point de vue sur la question. En déclarant que tous les organes de l'État doivent agir d'une manière non arbitraire ou selon les critères du procès équitable, on en est arrivé à considérer que ces organes, en particulier le Gouvernement et l'administration de l'État, quand ils prennent des décisions relatives aux droits et intérêts des personnes, exercent une fonction juridictionnelle. Ce fut un changement à la fois illégal et inutile et qui a suscité plus d'un problème pour notre État de droit.

Ce que doit faire la Constitution en la matière est de faire en sorte que l'arbitraire de l'État soit proscrit. Quand la personne est soumise à une décision du Gouvernement ou de l'administration d'État, il est nécessaire de garantir que cet organe n'agisse pas de façon arbitraire. Pour cela, il faut toujours que cet organe, avant d'appliquer une certaine mesure, de prendre un certain acte ou d'exercer une activité qui affecte les droits ou les intérêts des personnes privées, entende la personne concernée, lui permette d'assurer sa défense, prenne une décision avec objectivité et un acte dûment fondé. Tout ceci constitue une situation d'interdiction de l'arbitraire dans l'activité de l'État et correspond à l'exigence pour les activités de l'État de respecter les critères du procès équitable sur le plan substantiel.

Il est important de souligner ici que l'interdiction d'activités arbitraires ou l'exigence pour l'État d'agir en respectant les critères du procès équitable ne transforme pas ces organes ou la fonction qu'ils exercent en ce qu'ils ne sont pas. Ils sont encore des organes administratifs et exercent principalement une fonction administrative. Nous ne sommes, ni face à des organes qui exercent une fonction juridictionnelle, ni en présence d'une activité juridictionnelle.

Quand l'administration résout une affaire entre particuliers, ou quand elle prend une décision qui affecte une personne, par exemple quand elle dissout une personnalité morale, applique une sanction, refuse une autorisation ou un permis, elle n'exerce pas une fonction juridictionnelle mais une fonction administrative. Et la garantie ne consiste pas à donner à ces organes et à leur fonction administrative une nature apparemment juridictionnelle. Au contraire, cela constitue une perte de garantie pour les particuliers.

La garantie que doit reconnaître une Constitution est d'exiger de l'activité de l'administration un caractère rationnel et juste, c'est-à-dire une activité non arbitraire ou respectant les exigences d'un procès équitable substantiel.

Cela signifie que seuls les tribunaux peuvent exercer la fonction juridictionnelle et que d'eux seuls on peut exiger le respect du droit à un procès équitable, en l'occurrence un procès équitable sur le plan procédural.

*

* *

Le Chili a favorisé le régime présidentialiste comme forme de gouvernement. Cette formule remonte aux premières Constitutions de la République, et la Constitution de 1980 la maintient en des termes assez catégoriques.

Il est important de préciser que le régime présidentialiste chilien s'écarte du modèle du régime présidentiel classique. En effet, ce dernier se caractérise par un respect sans restriction du principe de séparation de pouvoirs. Bien au contraire, dans le modèle chilien, le président de la République dispose d'un ensemble d'attributions qui lui permettent d'intervenir dans les fonctions des autres organes de l'État.

Dans cette perspective, dans le système constitutionnel chilien, on peut constater des interventions du pouvoir exécutif, tant dans la fonction législative que dans la fonction juridictionnelle. En outre, il s'agit de questions de nature différente, parce que toute limitation au principe de séparation des pouvoirs ne remet pas en cause le système présidentialiste.

Dans le cas des interventions dans la fonction législative, celles-ci s'expliquent clairement par la conception d'une règle de répartition des compétences dans la logique d'un régime présidentialiste. Cependant, dans le cas des fonctions juridictionnelles, le mauvais fonctionnement s'explique par la mauvaise compréhension, par le constituant de 1980, de la fonction juridictionnelle et de ses limites par rapport à la fonction administrative, probablement influencée par les circonstances politiques de l'époque.

Bibliographie

ACKERMAN Bruce, *We the People: Foundations*, Cambridge The Belknap Press of Harvard University press, 1993.

ALDUNATE Eduardo, « Problemas del control preventivo de constitucionalidad de las leyes », *Estudios Constitucionales*, n° 1, 2005, p. 119-126.

ARAGÓN Manuel (1996), « Gobierno y Administración », *in* Elías DÍAZ et Alfonso RUIZ MIGUEL (eds.), *Filosofía Política II. Teoría del Estado*, Madrid, Trotta, 1996, p. 83-94.

CAREY John, « Presidencialismo vs. Parlamentarismo », *Post Data*, n° 11, 2006, p. 121-161.

CASPER Gerhard, « An Essay in Separation of Powers: Some Early Versions and Practices », *Willian and Mary Law Review*, n° 2, 1989, p. 211-260.

CAZOR Kamel, « Los alcances de la legislación delegada en Chile y su control jurisdiccional », *Revista de Derecho Público*, 2015, p. 27-5.
CORDERO Eduardo, « La legislación delegada en el Derecho chileno y su función constitucional », *Estudios Constitucionales*, n° 2, 2010, p. 49-86.
EDWARDS Alberto, « La Constitución de 1833 », *Revista Chilena de Derecho*, 1975, p. 2-11.
FERMANDOIS Arturo et GARCÍA José Francisco, « Origen del presidencialismo chileno: reforma constitucional de 1970, ideas matrices e iniciativa legislativa exclusiva », *Revista Chilena de Derecho*, n° 2, 2009, p. 281-311.
FISH M. Steven, « Stronger Legislatures, Stronger Democracies », *Journal of Democracy*, n° 1, 2006, p. 5-20.
FIX-ZAMUDIO Héctor, « Los estados de excepción y la defensa de la constitución », *Boletín Mexicano de Derecho Comparado*, n° 111, 2004, p. 801-860.
FREIXAS Teresa, « La legislación delegada », *Revista Española de Derecho Constitucional*, n° 28, 1990, p. 119-176.
GARCÍA ROCA Javier, « Del principio de la división de poderes », Revista de Estudios Políticos, n° 108, 2000, p. 41 -75.
GAUDEMET Yves, « Sobre el Abuso o Algunos Abusos de la Legislación Delgada », *Revista de Derecho del Estado*, n° 15, 2003, p. 17-27.
GUTIÉRREZ Gerónimo et al., *El proceso presupuestario y las relaciones entre los órganos del poder. El caso mexicano en perspectiva histórica y comparada*, México D. F., UNAM, 2001.
HUNEEUS Carlos et BERRÍOS Fabiola, « El Congreso en el presidencialismo. El caso de Chile », *Revista SAAP*, n° 2005, p. 345-391.
NOGUEIRA Humberto, « La delegación de facultades legislativas en el ordenamiento jurídico chileno », *Ius et Praxis*, n° 2, 2001, p. 73-85.
PÉREZ ROYO Javier, « Crónica de un error: el recurso previo de inconstitucionalidad contra leyes orgánicas », *Revista Española de Derecho Constitucional*, n° 17, 1986, p. 137-170.

RUIZ-TAGLE Pablo, « El presidencialismo chileno: evolución de sus atribuciones constitucionales y propuestas de reforma », *Revista de Derecho Público*, n° 76, 2012, p. 229-247.

SÁNCHEZ María de La Paz, « Caracterización y problemática del presidencialismo iberoamericano », *Revista Derecho PUCP*, n° 53, 2000, p. 267-312.

SCHMITTER Philippe et KARL Terry, « What Democracy Is... and Is Not », *Journal of Democracy*, n° 3, 1991, p. 75-88.

SILVA BASCUÑÁN Alejandro et SILVA GALLINATO María, « Presidente y Congreso en la Constitución de 1980 », *Revista de Derecho de la Universidad Católica de Valparaíso*, 1991-1992, p. 239-250.

STONE Alex, « Constitutional Courts and Parliamentary Democracy », *West European Politics*, n° 1, 2002, p. 77-100.

Les particularités du principe de séparation des pouvoirs dans le système constitutionnel chilien et son influence sur le présidentialisme

Andrea Lucas Garín

La présente contribution a pour ambition d'explorer la séparation des pouvoirs en tant que principe directeur des systèmes constitutionnels et, en particulier, de celui du Chili. Nous pensons que les systèmes constitutionnels se conforment aux directives établies par les Constitutions et la *praxis* constitutionnelle qui révèle souvent l'applicabilité du principe.

Nous pouvons mentionner brièvement que l'actuelle Constitution de la République du Chili est née dans un contexte particulier et difficile, grâce au travail réalisé par la Commission d'étude de la nouvelle Constitution de la République (plus connue sous le nom de commission Ortuzar) qui rédigea un texte de 1973 à 1978, conduisant à la Constitution de 1980 entrée en vigueur le 11 mars 1981 par ordre du Gouvernement *de facto* alors au pouvoir [1]. Cette Constitution fut soumise à un plébiscite en 1980 pour son entrée en vigueur, puis en 1988 pour l'organisation d'élections présidentielles, et a été révisée à plusieurs reprises, la réforme la plus importante ayant été réalisée en 1989 et ratifiée par référendum. Il convient également de

[1] Les travaux de la Commission ont suscité de nombreuses critiques, principalement parce qu'ils ont été menés à huis-clos au cours d'une période de dictature très sombre dans l'histoire du Chili, d'où les procédures plébiscitaires auxquels la Constitution a été soumise *a posteriori*. Cette Constitution remplaça la Constitution de 1925.

citer une réforme de 2005 [1]. Enfin, une nouvelle Constitution est en cours de rédaction, depuis le mois d'octobre 2015, à partir de la participation citoyenne [2].

La Constitution de 1980 a été définie comme consacrant un régime présidentiel fort. Cette tendance, suivie auparavant et depuis l'époque de l'accès à l'indépendance de l'Amérique, répondait peut-être à l'origine à la nécessité de remplacer le roi dans ses fonctions, ou à l'exigence d'exécutifs qui se retrouvaient face à des processus indépendantistes difficiles. Au Chili, près de quatre décennies, plus tard de nombreuses réformes ont donné une nouvelle présentation au présidentialisme, et nous pensons que cela a contribué à la consolidation de la démocratie en Amérique du Sud.

Notre étude se concentrera sur le principe de séparation des pouvoirs au Chili, en prenant comme point de départ une conceptualisation du principe qui nous permet d'aborder les principes qui la façonnent, et d'analyser la façon dont ils perdurent de nos jours ; nous examinerons également les conséquences pratiques qui, pour certaines, se retrouvent dans le système présidentiel chilien actuel. Nous nous intéresserons tout particulièrement à la Cour constitutionnelle et à certaines nouvelles questions telles que le contrôle de conventionnalité. Enfin, à partir d'une présentation de la séparation des pouvoirs au Chili, nous chercherons à savoir si ces traits distinctifs fragilisent ou favorisent la consolidation démocratique chilienne.

Qu'entendons-nous par séparation des pouvoirs ?

Au début de son ouvrage [1], Maurice Vile affirme que l'histoire politique des pays occidentaux repose sur le dévelop-

---

[1] Approuvée par la loi n° 20.050 de « Réforme constitutionnelle qui introduit diverses modifications à la Constitution de la République » (publiée le 26 août 2005, promulguée le 18 août 2005).

[2] On peut trouver des informations complémentaires sur site web officiel du Gouvernement du Chili : http://www.gob.cl, et sur le site spécifique https://www.unaconstitucionparachile.cl (consultés le 12 mai 2016). On peut identifier quatre étapes dans le processus de participation ouverte : la rencontre locale, la consultation individuelle, le conseil provincial et le conseil régional ; les accords obtenus seront introduits dans la proposition de Constitution envoyée à la présidence du Congrès.

pement et l'élaboration d'un ensemble de valeurs telles que la justice, la liberté, l'égalité et le caractère sacré de la propriété, mais que ces valeurs ne s'appliquent pas par elles-mêmes, chaque société leur donnant une portée différente ; les théories se sont intéressées aux modalités de garantie de l'exercice du pouvoir gouvernemental, ce qui est essentiel pour la mise en pratique de ces valeurs, de telle sorte qu'il ne les réduise pas à néant et qu'il soit contrôlé pour qu'elles soient respectées.

C'est dans ce cadre que s'inscrit la doctrine de la séparation des pouvoirs. Celle-ci est enracinée dans l'expérience historique du constitutionnalisme et a prouvé sa capacité d'adaptation aux changements subis par le contexte socioculturel dans lequel elle est appliquée.

Il est intéressant de noter que la séparation des pouvoirs comme dogme du constitutionnalisme est apparue essentiellement dans une société homogène [2] très différente de notre société caractérisée par l'hétérogénéité et la complexité de la vie moderne, laquelle a conduit l'État contemporain à diversifier ses organes et ses fonctions. C'est la raison pour laquelle, voici quelques années, nous avions écrit : « ... il est possible d'affirmer la validité actuelle de ce principe, puisque son *telos* originaire demeure aussi vivant que quand il fut exposé par

---

[1] Maurice J. C. Vile, *Constitutionalism and the separation of power*, Oxford (England), Clarendon Press, p. 1.

[2] Les limitations imposées au pouvoir, à travers le constitutionnalisme, avaient néanmoins un autre sens, puisque l'approche libérale, qui a prévalu dans les révolutions des XVIIe et XVIIIe siècles, a été le tremplin historique d'une grande force sociale, la bourgeoisie, qui a apporté des constructions juridiques, philosophiques et éthiques et, bien sûr, économique. Bien que, dans l'État de droit libéral (de la Révolution anglaise de 1688 ou de la Révolution française de 1789 (avec la Révolution américaine de 1787) à la chute des monarchies allemande et austro-hongrois en 1919), il y a eu une longue période de luttes, de conflits, de reculs et d'avancées des démocraties constitutionnelles jusqu'aux restaurations monarchiques ; ce fut une période de succès en termes de buts atteints par la classe sociale (la bourgeoisie) qui avait soutenu la naissance du nouveau régime. *Cf.* César Enrique Romero, *Introducción al Derecho Constitucional*, Buenos Aires, Víctor P. de Zavalía Editor, 2e éd., 1976, p. 90-93. Lorsque ces théories furent développées, il était plus facile d'identifier les ennemis, les plus évidents étant la monarchie et l'artistocratie.

Montesquieu [1] et Locke : une technique de répartition des fonctions pour assurer le niveau le plus élevé possible de la liberté pour le citoyen [2][3]. »

Aborder aujourd'hui ce principe à partir du régime tripartite des organes et des fonctions, typique du libéralisme classique, reviendrait à le faire dans une perspective globale qui ne refléterait pas la complexe réalité normative et institutionnelle de « l'organisation constitutionnelle » au début du XXIe siècle. Il n'est pas possible de penser à un véritable « équilibre » entre les pouvoirs pour prévenir les excès.

Le fondement et l'origine du principe de la séparation et de l'équilibre des pouvoirs ne procèdent pas tant de sa « positivisation » dans des normes (toujours postérieures) que de sa lente genèse et de sa mise en œuvre par la pratique répétée et les expériences juridiques, même si elle ne peut être expressément mentionnée dans les grandes Constitutions comme les Constitutions espagnole ou italienne [4]. Il en découle que l'importance de la séparation des pouvoirs est réaffirmée, non seulement par l'histoire du principe, mais aussi par la nécessité pour les sociétés de pouvoir compter sur des mécanismes qui limitent le pouvoir.

Le postulat de base partait du principe selon lequel le pouvoir ne devait pas être unique (un, absolu, monarchique), mais

---

[1] « Le texte fondamental et inspirateur reste l'œuvre de Montesquieu, *De l'esprit des lois*, dans lequel on lit, au livre XI chapitre 4 : "C'est une expérience éternelle, que tout homme qui a du pouvoir est porté à en abuser". » *Cf.* Peter Häberle, *El Estado constitucional*, Universidad Nacional Autónoma de México, Instituto de Investigaciones Jurídicas, Pontificia Universidad Católica del Perú, 2e ed., 2003, p. 203.

[2] Wolfgang Hoffmann-Riem explique que le principe moderne de séparation des pouvoirs a été repris, pour la première fois dans un texte juridique, dans le *Bill of Rights* de Virginie de 1776, et que la Déclaration française des droits de l'homme et du citoyen du 26 août 1789 a rappelé le principe ; *cf.* Wolfgang Hoffmann-Riem, « La división de poderes como principio de ordenamiento », *Anuario de Derecho Constitucional Latinoamericano* (t. I), Konrad Adenuaer Stiftung, 2007, p. 211-225, p. 214.

[3] Andrea Lucas Garin, « Nuevas dimensiones del Principio de división de poderes en un mundo globalizado », *Estudios constitucionales*, 7 (2), 2009, p. 243.

[4] Javier Roca, « Del principio de la división de poderes », *Revista de Estudios Políticos Nueva Época*, n° 108, abril-junio 2000, p. 42.

triple (séparation des pouvoirs), de telle sorte que, politiquement affaibli, il fût fonctionnellement efficace. La technique de la séparation des pouvoirs n'admet généralement pas de solutions générales et exige des réponses pour chaque période de l'histoire. C'est ce qui en fait un principe fondamental auquel on ne peut déroger (rappelons les développements fondamentaux du maître argentin Germán Bidart Campos sur la forme républicaine du gouvernement [1]). À cet égard, le principe de la séparation des pouvoirs présente une dimension empirique et, à chaque époque, avec des particularités et des interprétations diverses [2].

Nous réaffirmons que le principe exige la contextualisation et la prise en considération des facteurs politiques, sociaux et économiques qui conduise à une séparation des pouvoirs présentant ses caractéristiques propres ; nous pensons également que le système partisan a une influence significative.

La doctrine pure de la séparation des pouvoirs qui, dès sa formulation originelle, vise à assurer l'établissement et le maintien de la liberté politique, affirme que le gouvernement devrait être divisé en trois branches ou départements : le législatif, l'exécutif et le judiciaire, chaque fonction correspondant à une branche et ne pouvant exercer aucune autre fonction, les personnes participant à ces trois organismes gouvernementaux devant par ailleurs être maintenues séparées et éloignées [3]. Ainsi, une perspective englobante favorise un bon équilibre entre

---

[1] Le maître a expliqué que la Constitution de l'Argentine avait quatre contenus fondamentaux : la démocratie comme forme de l'État, le fédéralisme comme forme de l'État, forme républicaine du gouvernement (où l'on retrouve le principe de la séparation des pouvoirs) et le caractère confessionnel de l'État argentin. *Cf.* German Bidart Campos, *Manual de la Constitución Reformada*, t. I, Buenos Aires, Ed. Ediar, 1998, 2e réimpr., p. 295.

[2] Rappelons que Martin Belov soutient que la séparation des pouvoirs a une dimension théorique (descriptive et normative), une dimension empirique et une dimension normative. Dans son article, il présente chacune d'elles. *Cf.* Martin Belov, « Separation of Powers reconsidered: a Proposal for a New Theoretical Model at the Beginning of the 21st Century », *in* Antonia Geisler (ed.), *Law, politics, and the Constitution. New perspectives from legal and political theory*, Frankfurt PL Acad. Research, 2014, p. 50-51.

[3] Ce concept de séparation des pouvoirs est exposé *in* Maurice J. C. Vile, *Constitutionalism and the separation of power*, Clarendon Press, Oxford, England, 1967.

les limites et les contrepoids établis par la Constitution, ce qui est un objectif important compte tenu de la variable constitutionnelle très souple et dynamique.

À ce stade, nous devons nous demander si la séparation des pouvoirs doit être nette ou, au contraire, complémentaire. Nous pensons que le principe de séparation des pouvoirs doit surpasser son essence, c'est-à-dire éviter la concentration du pouvoir despotique pour sauvegarder la liberté des citoyens, être un outil de la réalisation de la liberté, avec une conception des pouvoirs intégrés et qui se complètent pour remplir les tâches qui leur sont confiées par la Constitution. Nous sommes donc favorables à un dépassement de la conception d'une séparation absolue des pouvoirs, à l'exception de l'activité judiciaire.

Nous sommes conscients que l'Amérique latine est perçue, de l'extérieur, comme une région où le présidentialisme fort a favorisé des pouvoirs exécutifs qui ont eu tendance à « oublier » le pouvoir législatif, et que cela est dangereux car cela favorise l'évolution vers la dictature. Dans le processus actuel de consolidation démocratique en cours sur notre continent, il semble que ce spectre se soit éloigné. La capacité du principe résidera dans celle à évoluer sans perdre son essence. Ensuite, nous pourrons déterminer si ces mises à jour remettent en cause ou soutiennent la séparation des pouvoirs, en accordant une attention particulière à la réalité chilienne.

Les postulats principaux de la séparation des pouvoirs au Chili

Il n'y a pas, dans la Constitution chilienne, de disposition expresse consacrant la séparation des pouvoirs, et le texte le plus explicite sur ce point est probablement celui par lequel commence le chapitre consacré au pouvoir judiciaire, dans lequel l'article 76 déclare : « Ni le président de la République, ni le Congrès ne peut en aucun cas exercer de fonction judiciaire, intervenir dans des procédures en cours, examiner les fondements ou le contenu des décisions ou rouvrir des affaires jugées ». Pour Andrés Bordalí Salamanca, « il y a là une consécration claire de la doctrine de la séparation des pouvoirs et de l'indépendance du pouvoir judiciaire [1] », point de vue que nous partageons.

Nous allons, dans les développements suivants, nous intéresser à la séparation des pouvoirs dans le système constitutionnel chilien à partir d'une vision dynamique qui prend en considération les postulats classiques.

Les organes constitutionnels, des traditionnels aux « nouveaux »

Avec les pouvoirs classiques législatif (Congrès composé de la Chambre des sénateurs et de la Chambre des députés), exécutif (Président) et judiciaire (avec, au sommet, la Cour suprême), il y a un nouvel organisme doté de larges pouvoirs dans le domaine constitutionnel : il s'agit de la Cour constitutionnelle, mise en place au Chili en 1970.

À la séparation des pouvoirs avec les fonctions traditionnelles, le législateur votant les lois, l'exécutif étant chargé de leur mise en œuvre et de leur application et le système judiciaire réglant les différends d'ordre juridique, il faut ajouter un nouvel organe, différent, la Cour constitutionnelle, laquelle est chargée du contrôle de constitutionnalité.

La Cour constitutionnelle chilienne a été créée par une réforme constitutionnelle du 23 janvier 1970, puis dissoute rapidement par le décret-loi n° 119 du 10 novembre 1973 pris par le Gouvernement militaire. La Constitution de 1980 l'a rétablie en tant qu'organe constitutionnel autonome, puis des modifications substantielles ont été opérées par la réforme constitutionnelle de 2005 ; cette mutation constitutionnelle a conduit à un renforcement des compétences de cet organe novateur dans la séparation traditionnelle des pouvoirs. Nous reviendrons plus loin sur la Cour constitutionnelle.

---

[1] Andrés Bordali Salamanca, « La doctrina de la separación de poderes y el poder judicial chileno », *Revista de Derecho de la Pontificia Universidad Católica de Valparaíso*, n° 30, 2008, p. 185-219, consultable sur Internet : http://dx.doi.org/10.4067/S0718-68512008000100004 (consulté le 3 février 2016).

La tendance à créer de nouveaux organes subsidiaires

La nécessité pour l'État de « se spécialiser », avec des fonctions plus techniques, conduit à la création, au niveau constitutionnel, d'organes subsidiaires. Au Chili, les organismes ayant un statut constitutionnel sont le contrôleur général de la République [1], la Banque centrale [2], le ministère public [3] et le Conseil national de la télévision [4]. Les caractéristiques de ces organes subsidiaires résident dans leur conception totalement autonome par un acte constitutionnel.

Dans un certain nombre de cas, de nouveaux organes ont été créés par la loi dans le cadre des pouvoirs traditionnels. Parmi les plus récents, on peut citer les tribunaux environnementaux [5], conçus comme des tribunaux spéciaux sous la protection de la Cour suprême, compétents en matière de litiges sur des questions environnementales et organisés par la loi n° 20.600.

---

[1] Article 98 de la Constitution : « Un organisme autonome appelé contrôleur général de la République exercera le contrôle de la légalité des actes de l'administration, supervisera les recettes et les dépenses publiques… »

[2] Article 108 de la Constitution : « Il existera un organisme autonome, avec un patrimoine propre, de caractère technique, appelé Banque centrale, dont la composition, l'organisation, les fonctions et les attributions seront déterminées par une loi organique constitutionnelle. »

[3] Article 83 § 1er de la Constitution : « Un organisme autonome, hiérarchisé, appelé ministère public, dirigera de façon exclusive l'enquête sur les faits constituant des crimes, ceux qui déterminent la participation répréhensible et ceux qui accréditent l'innocence de l'inculpé et, dans ce cas, il exercera l'action pénale publique dans les formes prévues par la loi. De même, il lui reviendra d'adopter des mesures pour protéger les victimes et les témoins. Le cas échéant, il pourra exercer des fonctions juridictionnelles. »

[4] Article 19 de la Constitution : « La Constitution assurera à toutes les personnes :
« N° 12 : il y aura un Conseil national de télévision, autonome et doté de la personnalité morale, chargé de veiller au fonctionnement correct de ce moyen de communication. Une loi votée à la majorité qualifiée précisera l'organisation et les autres fonctions et attributions de ce Conseil. »

[5] La loi 20.600 organise les tribunaux environnementaux en tant que juridictions spéciales, sous le contrôle directeur, correcteur et économique de la Cour suprême, dont la fonction est de régler les différends environnementaux relevant de sa compétence et de traiter d'autres questions que la loi soumet à sa connaissance.

Dans cette catégorie, nous pourrions également citer le Conseil de sécurité nationale [1], organe convoqué par le président de la République pour le conseiller sur les questions relatives à la sécurité nationale.

Le Chili confirme ainsi l'opinion de John Ackerman qui souligne qu'« il est clair qu'il y a eu, au cours des dernières années, une véritable explosion dans la création d'organismes autonomes spécialisés dans la responsabilité et le contrôle du pouvoir dans la région [2] ». Peut-être cela s'explique-t-il par le fait que les abus de pouvoir se sont aggravés dans la période contemporaine.

Les nouvelles relations entre les pouvoirs traditionnels

Nous pouvons noter que le dialogue qui se développe entre les pouvoirs classiques de l'État, comme entre le pouvoir exécutif et le Congrès, est modifié. Les relations changent, et cela est dû à la contextualisation nécessaire des relations entre les organes. Nous allons donner plusieurs exemples.

L'intervention de l'exécutif dans le processus d'élaboration des projets de loi est prévue par diverses dispositions de la Constitution. Nous avons souligné l'article 32 qui prévoit comme pouvoirs du Président, notamment, ceux de :

1°.- participer à l'élaboration, à l'adoption et à la promulgation des lois en vertu de la Constitution ;

2°.- convoquer l'une des assemblées en session extraordinaire, en précisant les motifs ; dans ce cas, la session doit être la plus brève possible ;

3°.- prendre, sur délégation des pouvoirs du Congrès, des décrets à portée législative sur les questions indiquées par la Constitution.

---

[1] Article 106 de la Constitution : « Il y aura un Conseil de sécurité nationale chargé de conseiller le président de la République dans des matières liées à la sécurité nationale et d'exercer les autres fonctions que cette Constitution lui confie. »

[2] John M. Ackerman, « Organismos autónomos y la nueva división de poderes en México y América Latina », *in* Jorge Carpizo y Carol B. Arriaga (coord.), *Homenaje al Dr. Emilio Rabasa*, México, IIJ-UNAM, 2010, p. 5.

Parmi les fonctions de « colégislateur » du président de la République, on peut souligner la possibilité de mettre en œuvre la procédure d'urgence pour des projets déterminés, ce qui, dans la plupart des cas, modifie le rythme du travail législatif. Cette faculté de décider l'urgence pour accélérer la discussion et le vote d'une loi est une nouvelle modalité du contrôle de l'exécutif sur l'activité du législatif (article 74 de la Constitution [1]).

Dans la conception constitutionnelle classique [2], le rôle du législateur consiste à définir les orientations des politiques publiques par le biais de lois qui régissent et garantissent les droits énoncés dans la Constitution, en établissant les lignes directrices et les limites dans lesquelles le pouvoir exécutif doit agir. Sur les questions dans lesquelles l'exécutif a l'initiative exclusive, on peut souligner une série de questions de nature économique et sociale qui revêtent, sans aucun doute, une importance pouvant conduire à une « corrida » des pouvoirs du Congrès qui déterminent en fait les lignes politiques du pays [3]. Ceci est ren-

---

[1] Article 74 de la Constitution : « Le président de la République peut déclarer l'urgence sur un projet, sur tout ou partie de la procédure et, dans ce cas, la chambre concernée devra se prononcer dans le délai maximum de trente jours. La déclaration d'urgence sera prononcée par le président de la République conformément à la loi organique constitutionnelle relative au Congrès, qui établit également toutes les dispositions relatives à la procédure interne de la loi. »

[2] *Cf.* Delia Ferreira Rubio, *Política agroindustrial. Fundamentos para el desarrollo sostenido y sustentable de la agroindustrial. Enfoque institucional, histórico y económico-social*, Buenos Aires, Foro de la Cadena Agroindustrial Argentina, 2009, p. 12.

[3] « Il faut noter, en faveur du Président, que le Congrès n'est pas capable d'élaborer ou de conduire une politique cohérente et que pour cela il faut une direction. L'opinion publique, en outre, tend à soutenir le Président. L'élection populaire lui confère le pouvoir et le prestige. » Gustavo Tarre Briceño continue en rappelant que l'une des causes fondamentales de la prédominance parlementaire est la croissance de l'administration comme conséquence du changement de la conception que l'on a du rôle de l'État. *Cf.* Gustavo Tarre Briceño, « La separación de poderes en los Estados Unidos », *in* Jesus María H. Casal, Alfredo A. Arismendi, Carlos Luis A. Carrillo (coord.), *Tendencias actuales del Derecho Constitucional. Homenaje a Jesus María Casal Montbrun*, t. I, Caracas, Universidad Católica de Venezuela y Universidad Católica Andrés Bello, 2007, p. 499-500.

forcé par la loi de finances [1] qui est soumise à l'Assemblée législative par l'exécutif qui a l'exclusivité de la présentation du projet, le législateur n'ayant pas la possibilité d'augmenter ou de diminuer l'estimation des recettes réalisée par le Président [2].

---

[1] La loi de finances est évoquée à l'article 67 de la Constitution qui déclare : « Le projet de loi de finances devra être présenté par le président de la République au Congrès national au moins trois mois avant la date de sa mise en vigueur ; et si le Congrès ne l'a pas transmis dans les soixante jours suivant sa présentation, le projet présenté par le président de la République sera mis en œuvre. Le Congrès national ne peut augmenter ni diminuer l'estimation des recettes ; il ne peut que réduire les dépenses prévues dans le projet de loi de finances, à l'exclusion de celles qui sont établies par une loi permanente. L'estimation des recettes exposée par la loi de finances et des nouvelles recettes qu'établit toute autre proposition de loi relèvera exclusivement de la compétence du Président, sur rapport des organes techniques compétents. »

[2] En particulier, l'article 65, troisième alinéa, déclare : « Reviendra au président de la République l'initiative exclusive des projets de loi liés à la modification de la division politique ou administrative du pays, ou à l'administration financière ou fiscale d'État, y compris les modifications apportées à la loi de finances et les questions indiquées aux paragraphes 10 et 13 de l'article 63. Revient aussi au président de la République l'initiative exclusive pour : 1.- imposer, annuler, réduire ou annuler des taxes de toute nature, en établissant des exemptions ou en modifiant celles qui existent, et déterminer leur forme, leur proportionnalité ou leur progression ; 2.- créer de nouveaux services publics ou les emplois qui s'y rapportent, qu'ils soient publics, semi-publics, autonomes ou relevant d'entreprises nationales ; les supprimer et déterminer leurs fonctions et leurs attributions ; 3°.- contracter des prêts ou conclure tout autre type d'opérations qui peuvent engager le crédit ou la responsabilité financière de l'État, des entités autonomes, semi-publiques, des Gouvernements régionaux ou des communes, et coordonner, réduire ou modifier des obligations, des intérêts ou autres charges financières de toute nature établis en faveur de l'État ou des organismes ou entités visés ; 4°.- fixer, modifier, accorder ou augmenter les rémunérations, les retraites, les pensions, les pensions de veuvage, les rentes et toute autre catégorie d'émoluments, les prêts ou avantages pour le personnel en service ou à la retraite et les bénéficiaires de fonds de bienfaisance, le cas échéant, de l'administration publique et d'autres organismes et entités mentionnées ci-dessus ; établir un salaire minimum pour les travailleurs du secteur privé, augmenter leurs salaires et autres avantages économiques ou modifier les bases de leur calcul ; tout ceci sans préjudice des dispositions des paragraphes suivants ; 5°.- établir les modalités et les procédures de négociation collective et identifier les cas dans lequels on ne peut pas négocier ; et 6°.- fixer ou modifier les règles relatives à la sécurité sociale ou ayant un impact à la fois sur le secteur public et le secteur privé. Le Congrès national pourra seulement accepter, réduire ou rejeter les services,

En outre, la possibilité d'opposer un veto à un projet de loi adopté par les Chambres du Congrès, les forçant à une nouvelle délibération [1], est aussi une forme de contrôle de l'exécutif sur le législatif. Cette seconde délibération permet au législatif de surmonter le veto s'il rejette tout ou partie des observations faites par le Président et reprend le projet approuvé par les deux-tiers de ses membres présents.

Un autre exemple est l'intervention de l'exécutif dans la procédure de révision constitutionnelle, le président de la République disposant du droit d'initiative avec le droit de message (article 127). Cette intervention est renforcée par la possibilité d'organiser un référendum sur un projet de réforme constitutionnelle auquel le président de la République aurait opposé son veto et en faveur duquel les chambres du Congrès auraient insisté par un vote à la majorité des deux tiers des membres [2].

Nous avons mentionné ci-dessus le pouvoir du Président de publier des décrets ayant force de loi pris sur délégation du Congrès. Ce sujet traditionnel de discussion a, sous d'autres latitudes, généré de véritables changements dans la répartition des compétences entre les pouvoirs de l'État [3]. Dans la Consti-

---

emplois, salaires, prêts, avantages, dépenses et autres initiatives présentées dans cette matière par le président de la République. »

[1] L'article 72 de la Constitution du Chili déclare : « Si le Président désapprouve le projet, il le renvoie à la chambre d'origine avec des commentaires appropriés, dans le délai de trente jours. Dans tous les cas, les observations non directement liées aux idées centrales ou fondamentales du projet ne seront admises, à moins que celles-ci aient été prises en compte dans le message correspondant. Si les deux chambres approuvent les observations, le projet aura force de loi et sera renvoyé au Président pour promulgation. Si les deux chambres rejettent tout ou partie des observations et confirment, à la majorité des deux tiers de leurs membres présents, tout ou partie du projet approuvé par elles, il sera renvoyé au Président pour promulgation. »

[2] L'article 128 première partie de la Constitution du Chili dispose ainsi : « Le projet approuvé par les deux chambres est transmis au président de la République. Si le président de la République rejette totalement un projet de réforme adopté par les deux chambres et si celles-ci le confirment en totalité, à la majorité des deux tiers des membres en fonction de chacune des chambres, le Président promulgue le projet, à moins qu'il ne consulte les citoyens par référendum. »

[3] Comme l'explique Delia Ferreira Rubio au sujet de l'Argentine, il y a deux formes de concentration des pouvoirs dans le pays : « Cette concentration des pouvoirs s'est renforcée à travers deux mécanismes : a) les décrets de nécessi-

tution chilienne, l'article 64 dispose que le Président peut demander l'autorisation de prendre des décrets à portée législative sur les questions relevant de la compétence du Congrès, pour une durée ne dépassant pas un an et sur quelques matières exceptionnelles citées par le texte lui-même. À cela s'ajoute la possibilité d'élaborer des textes de lois révisés, coordonnés et systématisés, dans un objectif clair de bonne technique législative.

Au Chili, la délégation législative est une fonction de collaboration [1] entre le Président et le Congrès. Elle n'a pas soulevé de problème car, comme l'explique Eduardo Cordero Quinzacara, « la législation déléguée au Chili a un cadre constitutionnel définissant clairement sa fonction dans le système des sources du droit, sa relation avec la loi, la portée de la réglementation et, en particulier, les mécanismes destinés à assurer le respect de ce rôle et à sauvegarder les pouvoirs des autres [2] ».

Un autre signe de ces nouvelles relations découle du système des sources du droit et des différentes typologies de lois qui impliquent des quorums différents pour l'adoption des lois, et qui marquent des mouvements entre majorités et minorités présentes dans les pouvoirs traditionnels [3].

---

té et d'urgence (DNU) et b) la délégation des compétences législatives. Dans le premier cas, l'exécutif prend l'initiative et assume exceptionnellement les pouvoirs propres au Congrès. Dans le cas de la délégation, c'est le Congrès qui donne à l'exécutif le pouvoir d'exercer des fonctions législatives, sous certaines conditions et pour une période déterminée. » (*op. cit.*, p. 21) En Argentine depuis les années quatre-vingt-dix, l'utilisation des décrets de nécessité et d'urgence a été une (mauvaise) pratique à laquelle se sont livrés les Présidents. Il s'agit là d'une différence positive entre l'Argentine et le Chili.

[1] Il semblerait que la Constitution elle-même invite à la collaboration et une saine *praxis* constitutionnelle a protégé l'usage de la législation déléguée.

[2] Eduardo Cordero Quinzacara a réalisé une analyse complète de l'institution. *Cf.* Eduardo Cordero Quinzacara, « La legislación delegada en el Derecho Chileno y su función constitucional », *Estudios constitucionales*, 8 (2), 2010, p. 49-86, consultable à l'adresse suivante : http://dx.doi.org/10.4067/S0718-52002010000200004 (consulté le 5 mai 2016).

[3] L'article 66 de la Constitution prévoit : « Les lois qui interprètent les dispositions constitutionnelles nécessitent, pour leur approbation, leur modification ou leur abrogation, un vote à la majorité des trois cinquièmes des députés et des sénateurs en exercice. Les lois auxquelles la Constitution confère le carac-

Le renforcement des fonctions de l'État

La complexité des exigences de la vie sociétale rend indispensable l'exercice par les organes de l'État de nouvelles activités, ce à quoi il faut ajouter la rapidité des événements de la vie quotidienne qui imprime une dynamique plus rapide et spécialisée dans la prise de décisions.

Nous pouvons citer comme exemple de cette évolution le domaine encore nouveau de l'environnement qui a conduit le Chili à institutionnaliser, en 2010, le ministère de l'Environnement. Même si l'environnement est présent dans l'agenda de l'État depuis les années quatre-vingt-dix[1], consacrer un ministère à cette question a conduit à confier une nouvelle fonction aux plus hautes sphères administratives et politiques chiliennes. L'environnement est définitivement représenté au niveau ministériel au même titre que d'autres sujets traditionnels comme la santé, la justice, l'éducation, *etc.*.

Une autre fonction importante dans le processus de consolidation assuré au Chili est la défense des droits des consommateurs, menée par le SERNAC (Service national du consommateur), auquel on a récemment ajouté le SERNAC financier [2] [3]. Liée au bien-être des consommateurs, la fonction

---

tère de lois organiques constitutionnelles nécessitent, pour leur approbation, leur modification ou leur abrogation, un vote à la majorité des quatre-septièmes des députés et des sénateurs en exercice. Les lois de quorum qualifié sont adoptées, modifiées ou abrogées à la majorité absolue des députés et des sénateurs en exercice. Les autres lois exigent la majorité des membres présents dans chaque chambre, ou les majorités applicables en vertu des articles 68 et suivants. »

[1] La première institution environnementale au Chili fut la CONAMA, Commission nationale de l'environnement, créée en 1990.

[2] Il est intéressant de voir que, sur le site internet du SERNAC, on présente comme étant à l'origine de la fonction dont est chargée cette institution, des antécédents datant des années 1930, alors que le SERNAC a été créé par la loi 18.959 de 1990. Cf. http://www.sernac.cl/sernac2011/sernac/historia_antec.php. Nous pensons que nous sommes devant de nouvelles fonctions étatiques qui requièrent sans doute une institution très distincte.

[3] Le SERNAC financier est une nouveau cadre légal qui renforce les droits des consommateurs de produits et services financiers, impose de nouvelles obligations aux entreprises et donne de plus grandes compétences au SERNAC. Cette nouvelle loi, la loi 20.555, vient compléter la loi de protec-

de défense de la libre concurrence soulève des défis pour passer d'un État neutre à un État qui s'intéresse au fonctionnement efficace des marchés [1].

Le souci central de l'exercice de nouvelles fonctions par l'État moderne est également dicté par la sophistication croissante des activités humaines [2].

Nouveaux regards sur le principe d'égalité

L'État moderne a tendance à aborder le principe d'égalité et de non-discrimination à partir du concept formel d'égalité, et dans le sens d'une égalité réelle des chances. Cette vocation à surmonter diverses formes de discrimination liées à la race, la religion, la langue, le sexe, l'économie et les conditions sociales, selon les typologies retenues par diverses Constitutions [3], inclut la promulgation des lois qui traitent spécifiquement de ce thème, comme la loi chilienne qui « établit des mesures contre la discrimination » et qui est présentée comme une étape dans les efforts visant à passer d'une égalité formelle à une égalité matérielle [4].

Cette loi instaure un mécanisme judiciaire permettant d'engager des poursuites contre des actes de discrimination arbitraire, par l'exercice de l'ANDA (action de non-

---

tion du consommateur. *Cf.* http://www.sernacfinanciero.cl (consulté le 11 avril 2016).

[1] Les fonctions plus spécialisées sont assurées par le tribunal de défense de la libre concurrence et le procureur économique national, qui exercent des actions contre les pratiques de collusion entre entreprises et les abus de positions de monopole et contrôlent les concentrations d'entreprises. Le TDLC a été créé par la loi n° 19.911 publiée au *DO* le 14 novembre 2003 et entrée en application le 13 mai 2004. Le décret-loi n° 211 précise les pouvoirs et les fonctions des deux organes.

[2] Une conséquence logique de ce développement des fonctions est la croissance de la bureaucratie étatique qui doit l'assumer. Ainsi, Maurice Vile montre que, pour certains, la doctrine de la séparation des pouvoirs ne peut expliquer l'émergence de la bureaucratie comme un phénomène étendu de l'État moderne. *Cf.* Maurice J. C. Vile, *op. cit.*, p. 6.

[3] Elisabetta Palici de Suni, « Parità di genere », *Digesto delle Discipline Pubblicistiche*, Aggiornamento III, Tomo II, Utet Guiridica, Italia, 2008, p. 594.

[4] Loi 20.609 promulguée le 12 juillet 2012 et entrée en vigueur le 24 juillet 2012.

discrimination arbitraire), qui renouvelle l'ensemble des actions juridiques visant à protéger les droits fondamentaux [1].

Une autre loi qui a cherché à surmonter ces différences de traitement en matière civile est celle qui crée l'accord d'union civile (AUC), laquelle facilite la signature d'un contrat solennel de coexistence formelle entre personnes du même sexe [2].

Nul doute que ces règlements sont quelques-uns des outils de lutte de l'État contre la discrimination arbitraire, le tout dans le cadre de politiques destinées à assurer la jouissance et l'exercice des droits fondamentaux, sans discrimination. Cela ouvre la porte, pour le futur, à davantage de « discriminations positives » ou d'« *affirmative actions* » pour atteindre cet ordre économique, social, culturel permettant l'égalité réelle. En ce qui concerne les minorités, par l'action positive, on cherche à obtenir l'égalité, fournissant une protection spéciale qui engendre une discrimination à rebours. Ceci est une tâche « en cours » pour l'État chilien.

L'approfondissement de la séparation des pouvoirs personnels

Durant les dernières décennies, on a vu se développer les cas d'incompatibilités inclus dans la Constitution chilienne, dans le but de renforcer l'impartialité et l'indépendance pour l'accès à certaines charges et l'exercice de certaines fonctions dans des organisations professionnelles [3], notamment des ministres [1], des députés et des sénateurs [2].

---

[1] Pour une explication de la loi, *cf.* Miriam Lorena Henrique Viñas, « Ley 20.609, que establece medidas contra la discriminación », *Academia Judicial Chile*, 2016, http://intranet.academiajudicial.cl/Imagenes/Temp/CUESTIONARIO%20LEY%2020.609.pdf (consulté le 19 mai 2016).

[2] Il s'agit de la loi 20830 qui crée l'Accord d'union civile et le Registre spécial des accords d'union civile, promulguée le 13 avril 2015 et entrée en vigueur le 22 octobre 2015.

[3] Article 23 de la Constitution : « Les groupes intermédiaires de la communauté et leurs dirigeants qui ont fait un mauvais usage de l'autonomie que la Constitution leur reconnaît, en intervenant indûment en dehors de leurs activités visant des buts spécifiques, seront punis conformément à la loi. Les charges de direction supérieure des organisations syndicales sont incompatibles avec les charges de direction supérieure, nationale et régionale des partis politiques. »

Ainsi, un système d'incompatibilités est régulièrement mis à jour afin de garantir que l'accession à des charges publiques préserve totalement l'impartialité et ne permette pas que des décisions prises par différents organes ou dans le cadre de fonctions de l'État le soient par les mêmes personnes, ce qui exclut les conflits d'intérêts, caractéristiques de la nature humaine, et fréquents dans les petites collectivités.

Une demande accrue de transparence

On observe une forte demande du public en faveur d'une plus grande transparence dans le fonctionnement de l'appareil étatique. Depuis 1988, le Chili dispose d'une loi spécifique sur la transparence et l'accès à l'information publique [3]. Le Conseil pour la transparence [4] est la preuve de la façon dont la transparence dans la fonction publique et les organes de l'État a été confiée aux soins d'un organisme public autonome permanent, de telle sorte que la thématique traverse transversalement les politiques publiques au Chili, et nous pouvons voir comment la

[1] Article 37 *bis* de la Constitution : « Les incompatibilités établies au premier alinéa de l'article 58 sont applicables aux ministres. Par le seul fait d'accepter la nomination, le ministre quittera sa charge, son emploi, sa fonction ou tout détachement incompatible qu'il assure… »

[2] Article 58 de la Constitution : « Les fonctions de députés et de sénateurs sont incompatibles entre elles et avec tout emploi ou commission rétribué par des fonds du Trésor, des municipalités, des entités étatiques autonomes, des entreprises d'économie mixte ou des entreprises de l'État ou dans lesquelles le Trésor participe par des apports en capital et toute autre fonction ou commission de même nature. Sont exclus les emplois d'enseignants et les fonctions équivalentes dans l'enseignement supérieur, secondaire et spécialisé. En outre, les charges de députés et de sénateurs sont incompatibles avec les fonctions d'administrateurs ou de conseillers, même si, par le seul fait de sa proclamation par le tribunal électoral, le député ou le sénateur met fin à l'autre charge, emploi ou détachement incompatible qu'il exerce. »

[3] Loi n° 20.285 sur la transparence et l'accès à l'information publique, *Diario Oficial*, 20 août 2008.

[4] Le Conseil pour la transparence est un organisme public autonome, doté de la personnalité morale et d'un patrimoine propre. Le Conseil pour la transparence est chargé de promouvoir la transparence de la fonction publique, de contrôler l'application des normes sur la transparence et d'assurer la publicité de l'information des organes de l'administration d'État.

presse recueille, presque chaque jour, des informations nouvelles sur son activité.

Il semble également que nous soyons confrontés à un renouvellement de l'accès à l'information publique, en particulier en ce qui concerne les processus d'élaboration des décisions de l'État, autrefois particulièrement entourés de secret et de dissimulation, venant compléter un nouveau champ d'application du principe de responsabilité et ayant une portée constitutionnelle [1].

Le transfert de compétences à de nouveaux organes de décisions

À partir de 1990, la République du Chili a approfondi les réformes économiques engagées par le Gouvernement militaire en matière de libre-échange, notamment en adoptant des accords commerciaux de quatre types, multilatéraux, plurilatéraux, régionaux et bilatéraux, à la suite d'un processus connu sous le nom de « régionalisme ouvert ». Ainsi, certaines compétences sont passées du domaine national au domaine international, et cela a modifié le contenu des compétences traditionnelles en la matière. Les questions traditionnelles de compétence étatique sont résolues à d'autres niveaux, et certaines décisions prises dans ce cadre doivent être transposées en droit interne par le Chili.

On peut dire que, principalement sur les questions économiques, il y a une prise de décisions partagée, comme cela se produit sur la scène internationale, et la tâche principale du législateur chilien est de les inclure dans sa législation nationale [2].

---

[1] L'article 6, après les principes de la suprématie de la Constitution, de la légalité et d'application directe des normes constitutionnelles aux titulaires ou membres des organes de l'État et de toute personne, institution ou groupe, déclare que « tout acte violant cet article est nul et engage la responsabilité et les sanctions prévues par la loi ». Pour sa part, l'article 7 exige que le président de la République, les ministres d'État, les députés et les sénateurs, ainsi que d'autres autorités et responsables cités par une loi organique constitutionnelle, doivent déclarer publiquement leurs intérêts et leur patrimoine publics.

[2] Nous pensons que cette tendance va se renforcer à l'avenir, la signature de l'accord d'association transpacifique (*Trans-Pacific Partnership*, ou TPP,

Pour conforter cette affirmation, il convient de préciser qu'« il faut se référer à la réussite de l'internationalisation du droit, qui se produit, non seulement au niveau du droit public et de la protection des droits de l'homme, mais également, et très nettement, au niveau du droit économique. La preuve en est le développement des termes et du contenu des divers accords de libre-échange (ALE) que les pays de la région ont signés, et dont les effets commencent à se faire sentir. Inutile de parler aussi des institutions telles que l'arbitrage international [1] ».

Ces relations que le Chili a développées de façon continue et permanente dans tous les domaines démontrent une forte volonté d'une politique d'ouverture menée par le pouvoir exécutif et qui n'est souvent, ni perçue, ni soutenue par les autres pouvoirs de l'État.

La nécessité croissante d'une réglementation des pouvoirs au-delà de l'État

Le phénomène de la mondialisation reconnaît le rôle d'un certain nombre d'acteurs allant de l'État aux individus en passant par les organisations non gouvernementales et les entreprises multinationales ou les sociétés transnationales. Ces acteurs commerciaux interviennent dans des domaines d'action qui affectent la validité des droits de l'homme des États concernés. La mondialisation a donné aux entrepreneurs la possibilité de se soustraire à la réglementation nationale (en particulier dans les domaines du travail, de l'environnement et de la finance) par le transfert de leur production.

Les processus de mondialisation économique se heurtent aux États, et la communauté internationale a fait de gros efforts pour établir des systèmes juridiques et des institutions qui enca-

---

dans lequel douze économies cherchent à assurer les échanges dans la zone Pacifique, et dont le Chili a été un négociateur actif) montrant que ces méga-accords thématiques renforcent la thématique des échanges commerciaux et l'ouverture des marchés, offrant un espace de négociation sur divers sujets tels que l'environnement, le travail, *etc.*. L'accord peut être consulté sur le site du DIRECON : https://www.direcon.gob.cl/tpp (consulté le 19 mai 2016).

[1] Manuel Fernando Quinche Ramirez, « El presidencialismo, el control de convencionalidad y la democracia en los países andinos », *Revista Coherencia*, 10 (19), julio-diciembre 2013, 2013, p. 183.

drent les multiples phénomènes qui se produisent dans le cadre de la mondialisation et qui concernent notamment le commerce, l'investissement, l'environnement, *etc.*.

En ce sens, le Chili se présente comme un État actif qui reconnaît un nouveau rôle à l'État et qui, à la fois au niveau national et international, s'inscrit dans la tendance à réglementer les pouvoirs au-delà de l'État.

Au niveau international, le Chili participe aux forums multilatéraux, régionaux et bilatéraux tels que l'Organisation mondiale du commerce, afin de contribuer à la régulation internationale de ces phénomènes.

Au niveau interne, il y a des mouvements en faveur de la réglementation de ces nouveaux acteurs ; la relation entre les acteurs économiques et la corruption progresse dans l'imaginaire chilien (ainsi que l'exigence de transparence que nous avons mentionnée récemment). Nous pouvons souligner le rapport de Transparency International de 2015, qui montre que le Chili a enregistré une baisse dans l'Indice de perception de la corruption, tant en point que dans le classement (classé n° 23 dans le résultat général). Le même rapport indique que

> … la corruption est un fléau qui ne concerne pas seulement le secteur public, mais touche également différents secteurs de la société. Entreprises, sport, culture, milieu universitaire ne sont pas exclus de la survenance de ces événements (cas de collusion et Association nationale du football professionnel) [1].

Il ne fait aucun doute que les faits révélés ces derniers temps ont eu un impact sur cette baisse dans le classement [2].

---

[1] « Par rapport aux scores en 2012, 2013 et 2014, le Chili est classé 2e position en Amérique latine, derrière l'Uruguay, qui consolide sa position. » La version de 2015 incorpore 168 pays. *Cf.* Chile Transparente y Transparency International, *Indice de Percepción de la Corrupción 2015*, http://www.chiletransparente.cl/documento/?t=2015&c= (consulté le 4 mai 2016).

[2] Il est intéressant d'observer comment, durant la dernière décennie, au Chili, des cas de collusion ont fait l'objet d'enquêtes à partir d'une attitude proactive pour étudier les pratiques entrepreneuriales du marché. *Cf.* http://www.capital.cl/negocios/2015/10/30/121042-linea-de-tiempo-los-otros-casos-de-colusion-que-sacudieron-a-chile (consulté le 12 mai 2016). En outre, divers cas de corruption et de financement politique font actuellement l'objet d'enquêtes. *Cf.* http://www.kas.de/chile/es/publications/40593/ (consulté le 12 mai 2016).

Il est significatif que le Chili n'ait jamais accordé autant qu'aujourd'hui une attention toute particulière à la réglementation d'activités, où l'introduction rapide et efficace en droit interne de ces engagements internationaux est une marque du succès du pays dans son insertion internationale. Ainsi, nous sommes d'accord avec l'analyse du rapport qui indique que « les résultats nous incitent à accélérer le traitement et l'approbation de projets liés à l'amélioration de la transparence et de la probité [1] ».

L'exclusivité de la fonction juridictionnelle par le pouvoir exécutif est confirmée

Dans le même sens, le pouvoir judiciaire continue d'exercer le monopole des fonctions judiciaires. L'interdiction faite au Président et au Congrès d'intervenir dans les affaires judiciaires, établie par l'article 76 (première partie) [2], est maintenue depuis la mise en vigueur de la Constitution de 1980. Toutefois, l'existence même de la Cour constitutionnelle implique un *aggiornamento* de la fonction judiciaire, en particulier en ce qui concerne l'application du droit.

La Cour constitutionnelle chilienne a une fonction très différente de celle définie de façon classique pour le pouvoir judiciaire. Elle est présentée comme une cour autonome qui bénéficie de garanties d'indépendance qui ont été fixées depuis sa création [3] et, au sens matériel, elle développe une activité typiquement judiciaire.

---

[1] *Op. cit.*

[2] Article 76 : « La compétence de connaître des affaires civiles et pénales, de les juger et de faire appliquer les jugements relève exclusivement des tribunaux établis par la loi. »

[3] Article 82 : « La Cour suprême exerce la tutelle administrative, disciplinaire et financière sur tous les tribunaux de la Nation. Le Tribunal correctionnel est exclu de cette norme… » Dans le même sens, le Chapitre VIII - Tribunal constitutionnel dispose, dans son article 92 : « Il y aura un Tribunal constitutionnel composé de dix membres désignés de la façon suivante : a) Trois désignés par le président de la République. b) Quatre élus par le Congrès national. Deux seront nommés directement par le Sénat et deux seront préalablement proposés par la Chambre des députés pour leur approbation ou leur rejet par le Sénat. Les nominations, ou la proposition selon le cas, se feront par un vote unique et nécessiteront pour leur approbation le vote favorable des

Voici succinctement quelques-unes des principales caractéristiques qui définissent la Cour constitutionnelle au Chili.

La distinction entre pouvoir constituant et pouvoir institué

L'importance que le contrôle de constitutionnalité a gagnée par le renforcement des fonctions de la Cour constitutionnelle semblerait remettre en cause la séparation catégorique entre le pouvoir constituant et les pouvoirs institués. La Cour constitutionnelle est compétente pour statuer sur une catégorie particulière de litiges, les conflits sur l'interprétation du texte suprême.

La réforme de 2005 a établi un contrôle unique et exclusif de constitutionnalité à la charge de la Cour, laquelle est compétente en matière d'action en inapplicabilité et de question d'inconstitutionnalité, ce qui renforce le caractère de garant du système de contrôle constitutionnel. L'augmentation significative du nombre de justiciables qui ont utilisé le recours en inconstitutionnalité au cours des dernières années atteste que les utilisateurs du système juridique ont profité de cette décision constitutionnelle pour renforcer les fonctions de la Cour. Tout cela a donné à la Cour constitutionnelle une capacité d'intervention et un domaine d'action accrus par rapport à ceux qui étaient les siens par le passé.

Le rôle d'arbitre entre les pouvoirs législatif et exécutif

La Constitution a confié à la Cour constitutionnelle un certain nombre de fonctions en matière de différends entre les pouvoirs exécutif et législatif. À titre d'exemple, nous pouvons citer le pouvoir conféré au président de la République de demander à la Cour constitutionnelle de se prononcer sur les questions de constitutionnalité qui peuvent se poser sur un projet de loi ou d'amendement constitutionnel avant sa promulgation. Cela implique clairement que la Cour doive assumer, à la demande du Président (article 93, premier alinéa, n° 3 de la Constitution), un rôle de contrepoids face aux pouvoirs du Congrès

deux-tiers des sénateurs ou des députés en exercice, selon le cas. c) Trois élus par la Cour suprême par un vote secret qui se aura lieu au cours d'une session convoquée spécialement à cet effet… »

sur les questions législatives. Les exemples sont nombreux, et il semble que la Cour constitutionnelle remplisse un rôle plus organique par rapport à la séparation traditionnelle des pouvoirs [1].

L'approfondissement de l'activité de la Cour constitutionnelle

Le rôle de la Cour est renforcé car elle est appelée à collaborer à la production du droit en tant que gardienne des droits fondamentaux et du respect des dispositions constitutionnelles par d'autres organes de l'État. Sa fonction d'interprète final et authentique de la Constitution fait que les décisions de la Cour doivent être respectées par les autres pouvoirs publics.

En ce qui concerne les droits fondamentaux dans leur présentation des droits et des garanties, il est clair qu'ils ont une plus grande importance que dans le passé, et c'est dans ce domaine que la Cour constitutionnelle a joué un rôle intéressant, ce qui a conduit la Cour constitutionnelle fédérale allemande à soutenir que « les droits individuels doivent être compris comme des instruments juridiques "vivants" dans toute la me-

---

[1] Les conflits entre le pouvoir exécutif et le pouvoir législatif sont soumis au Tribunal constitutionnel, conformément aux compétences suivantes inscrites à l'article 93 de la Constitution :
- Résoudre les questions sur la constitutionnalité qui sont soulevées durant la procédure d'adoption des projets de lois ou de réformes constitutionnelles et des traités soumis à l'approbation du Congrès, à la demande du président de la République.
- Résoudre la question promue par n'importe laquelle des chambres ou le quart de ses membres en exercice, dans le cas où le président de la République ne promulgue pas une loi alors qu'il devrait le faire ou promulguer un texte autre que celui qui devrait l'être constitutionnellement.
- Déclarer l'inconstitutionnalité de mouvements ou de partis politiques, ainsi que la responsabilité des personnes qui ont participé aux faits qui ont motivé la déclaration d'inconstitutionnalité ; si la personne concernée est le président de la République ou le Président élu, par le biais d'une requête formulée par la Chambre de députés ou par le quart de ses membres en exercice.
- Se prononcer sur les incapacités, les incompatibilités et les causes de cessation de la fonction des parlementaires, à la demande du président de la République ou d'au moins dix parlementaires en exercice.
- Décider, à la demande de n'importe laquelle des chambres ou du quart des membres en exercice, selon le cas, de la constitutionnalité des décrets suprêmes, quel que soit le vice invoqué.

sure du possible [1] ». L'outil par excellence pour effectuer cette tâche est l'interprétation constitutionnelle.

Les droits fondamentaux sont constamment renouvelés et le législateur, l'administrateur et la juridiction ordinaire exigent une actualisation, de nouvelles lectures et des impulsions que la Cour constitutionnelle donne dans le cadre de ses fonctions particulières.

Ainsi, il est clair que le document constitutionnel se présente « ... comme un instrument capable de modéliser les relations sociales et non comme un simple instrument de limitation du pouvoir politique et de garantie des droits individuels [2] ». L'« agent impliqué par le changement constitutionnel ou l'interprétation évolutive de la Constitution [3] » est la Cour constitutionnelle.

La tendance croissante à la judiciarisation des conflits sociaux

Dans le passé, les grands débats figuraient rarement à l'ordre du jour de la Cour constitutionnelle. Aujourd'hui, ils sont de plus en plus souvent présents dans son travail quotidien, et cela montre que la société compte de plus en plus sur son action, lui confiant la résolution d'un plus grand nombre de questions importantes qu'avant, comme des affaires familiales telles que la pilule du lendemain [4] ou le mariage homosexuel [5].

---

[1] Rainer Grote, « El desarrollo dinámico de la preceptiva constitucional por el juez constitucional en Alemania », *Ius et Praxis*, 9 (2), 2003, p. 201-216.

[2] Susanna Pozzolo, « Neoconstitucionalismo y especificidad de la interpretación constitucional », *Doxa*, n° 21, vol. II, 1998, p. 347.

[3] *Ibid.*, p. 346-347.

[4] Affaire n° 740 du 18 avril 2008 concernant le décret suprême n° 48 du ministère de la Santé « Normes nationales sur la régulation de la fécondité » ou « pilule du lendemain », http://www.tribunalconstitucional.cl/wp/ver.php?id=914 (consulté le 12 mai 2016).

[5] Affaire n° 1881-10 du 3 novembre 2011 dans laquelle la Cour constitutionnelle du Chili a rendu une sentence dans laquelle elle déclare inapplicable pour inconstitutionnalité l'article 102 du Code civil qui exige que le mariage soit contracté entre un homme et une femme.

L'importance de l'interprétation constitutionnelle par la Cour constitutionnelle

La valeur de cette interprétation constitutionnelle est d'autant plus grande que cette juridiction doit refléter une fonction intégratrice, après avoir donné une orientation sur les valeurs juridiques constitutionnelles que partagent les acteurs politiques [1]. La tâche entreprise par la Cour revitalise le concept selon lequel la loi joue un rôle d'organisation de la réalité sociale.

Les effets juridiques que nous prétendons imputer à la Constitution dans le temps nécessitent des travaux d'interprétation de la Cour constitutionnelle beaucoup plus spécialisés, ce qui correspond au degré d'abstraction des normes les plus élevées, celles-ci ayant été prises pour établir l'accord fondamental sur les grands thèmes de la vie politique et sociale de l'État. La spécialité de l'interprétation constitutionnelle exige que le processus de conciliation, qui a abouti à son texte à un moment historique donné, continue de se renouveler en fonction de l'interprétation que la Cour constitutionnelle est chargée d'effectuer.

En bref, la Constitution révisée nous a légué une Cour constitutionnelle jouant un rôle important dans le système juridique, laissant peu de place à l'imagination et invitant même la Cour à intervenir dans des domaines où, traditionnellement, nous n'aurions pas compté sur sa participation. Au Chili, la Constitution attribue de nombreuses tâches de la Cour constitutionnelle, ce qui donne un nouveau visage au principe classique de la séparation des pouvoirs.

Il convient maintenant d'analyser quelles sont les caractéristiques propres au présidentialisme chilien.

---

[1] *Cf.* Rainer Grote, *op. cit.*.

La conception chilienne du présidentialisme [1]

Une variante de la doctrine de la séparation des pouvoirs est le présidentialisme qui, avec un gouvernement démocratique et représentatif, donne la prééminence au Président élu dans le cadre d'élections au suffrage universel, assisté dans ses tâches par des ministres qu'il nomme et révoque [2], qui agit en tant que chef de l'État et de chef du Gouvernement tout en étant politiquement responsable devant un législatif populaire, et qui est séparé du pouvoir judiciaire.

Les opinions locales sur le présidentialisme au Chili sont variées. Nous pouvons citer Arturo Fermandois et José Francisco García qui estiment qu'« il est devenu habituel dans la doctrine d'affirmer que la Constitution de 1980 a établi un régime présidentiel renforcé, poussé, presque extrême, éloigné de nos traditions de droit public », et que les deux axes les plus déséquilibrants de ce présidentialisme – l'initiative législative présidentialiste exclusive et la protection des idées fondamentales d'un projet de loi – en sont responsables [3].

D'après Carlos Huneeus, il est possible de considérer le Chili comme un cas particulier dans les régimes présidentialistes sur le continent : « Le cas du Chili est scientifiquement important parce que l'examen des facteurs du bon résultat politique et économique donne une vision différente des faiblesses attribuées au présidentialisme. » L'explication est fondée sur trois piliers : premièrement, le système partisan joue un rôle essentiel

---

[1] Nous n'abordons pas ici le degré d'influence des modèles nord-américain et français dans l'application de la séparation des pouvoirs au Chili. Pour une analyse des antécédents constitutionnels et le principe de séparation des pouvoirs, *cf.* Andrés Bordali Salamanca, *op. cit.*, et Enrique Navarro Beltran, « La teoría general de la división de poderes en la constitución de 1980 », *Revista de Derecho de la Pontificia Universidad Católica de Valparaíso*, n° 14, 1991, p. 201-238.

[2] Dans la vision traditionnelle, le Président nomme et met fin discrétionnairement aux fonctions des ministres, des secrétaires d'État, des fonctionnaires nommés à des postes de confiance et des maires (au Chili jusqu'en 1989).

[3] Arturo Fernandois Voihringer et José Francisco Garcia Garcia, « Origen del Presidencialismo chileno: reforma constitucional de 1970, ideas matrices e iniciativa legislativa exclusiva », *Revista chilena de derecho*, 36 (2), 2009, p. 281-311, http://dx.doi.org/10.4067/S0718-34372009000200004 (consulté le 29 avril 2016).

(avec une continuité même en période de dictature) ; deuxièmement, le présidentialisme s'est comporté comme un ordre institutionnel avec une plus grande flexibilité et une meilleure capacité d'adaptation aux exigences politiques de changement de régime ; et troisièmement, pour l'auteur, le succès de la transition est dû au rôle joué par Patricio Aylwin [1] qui a su interpréter les aspirations des Chiliens à la construction d'une démocratie consensuelle [2].

En ce qui concerne les dernières années, nous pouvons signaler la réforme de 2005 qui a raccourci le mandat présidentiel de six à quatre ans et qui a maintenu l'interdiction de la réélection immédiate [3], mais la réélection a été autorisée après écoulé un mandat présidentiel (réélection alternative). Cela a été le cas de Michelle Bachelet qui est revenue au pouvoir après un mandat. On pourrait dire que cela a été l'une des étapes les plus marquantes pour atténuer présidentialisme.

À cet égard, nous voyons que le Chili n'a pas sombré dans la réélection illimitée qui, dans la pratique, en tenant compte de l'influence de l'exécutif, conduit à une forte concentration du pouvoir et au risque de voir s'enkyster au Gouvernement certaines personnes ou familles. Cela peut être considéré comme une force du présidentialisme au Chili.

Dans cet ordre d'idée, penser que le régime présidentiel a été responsable des failles des démocraties de notre continent serait une réponse facile qui éluderait de nombreux autres facteurs sociaux et politiques qui ont favorisé de telles situations [4]. Au-

---

[1] Patricio Aylwin Azócar fut président de la République du Chili de 1990 à 1994. Il est décédé le 19 avril 2016.

[2] Carlos Huneeus, « ¿Por qué ha funcionado el Presidencialismo en Chile? Factores institucionales y el liderazgo de Patricio Aylwin », *Persona y Sociedad*, XIV, n° 2, 2005, p. 19 et s..

[3] Le second paragraphe de l'article 25 déclare : « Le président de la République demeurera en fonction jusqu'au terme de quatre ans et ne pourra être réélu durant la période suivante. »

[4] Manuel Antonio Garretón souligne, au sujet du présidentialisme au Chili, « ... la responsabilité du système institutionnel dans la crise de la démocratie en 1973. En effet, face à la gravité du conflit sociopolitique et à la force des acteurs nationaux et internationaux en jeu, personne ne pouvait soutenir que l'effondrement de la démocratie de 1973 ait été dû principalement à une inadéquation inconstitutionnelle. » *Cf.* Manuel Antonio Garretón, « La cues-

jourd'hui, la réalité est différente, le Chili a déjà atteint l'âge de la majorité en démocratie, et après plus de vingt-cinq ans, on peut affirmer que le régime démocratique est consolidé et que, précisément, les ajustements opérés à la doctrine de la séparation des pouvoirs ont conduit au renforcement de la démocratie.

Pour illustrer le caractère fort de la conception de la séparation des pouvoirs et des fonctions de l'État au Chili, nous pouvons rappeler ce qui est arrivé à l'occasion de l'adhésion du pays au statut de la Cour pénale internationale. Le Chili a participé activement aux négociations du statut de Rome [1] et, quand le texte du traité international a été transmis au Congrès pour être ratifié, un groupe important de députés a demandé l'intervention de la Cour constitutionnelle, laquelle a rendu la sentence *Corte penal internacional* du 8 avril 2002 dans laquelle les arguments invoqués sont précisément la séparation des pouvoirs, l'indépendance du Congrès par rapport au pouvoir judiciaire et la nécessité de réformer la Constitution pour faciliter sa ratification [2].

En 2009, la Constitution a été réformée en application de la vingt-quatrième disposition transitoire [3], avec l'adhésion du

---

tión del régimen de gobierno en el Chile de hoy », *Tipos de Presidencialismo y Coaliciones Políticas en America Latina*, Buenos Aires, CLACSO, Consejo Latinoamericano de Ciencias Sociales, 2001, p. 190.

[1] Le texte du statut de Rome a été approuvé le 17 juillet 1998 et est entré en vigueur le 1er juillet 2002. Cet accord multilatéral inclut un concept évolué de la juridiction universelle de ces dernières décennies à des niveaux impensables lorsqu'a été formulé le concept classique de fonction juridictionnelle, avec des conséquences qui dépassent les territoires, les frontières et les personnes sur quelques matières très spécifiques.

[2] Rol nº 346-02, consultable sur le site web du Tribunal constitutionnel : http://www.tribunalconstitucional.cl/wp/expedientes?rol=346-02 (consulté le 4 mai 2016).

[3] Disposition transitoire du 30 mai 2009 : « L'État du Chili pourra reconnaître la juridiciton de la Cour pénale internationale dans les termes prévus par le traité approuvé dans la ville de Rome le 17 juillet 1998 par la Conférence diplomatique de plénipotentiaires des Nations unies sur l'établissement de ladite Cour. Pour réaliser sa reconnaissance, le Chili réaffirme sa compétence préférentielle pour exercer sa juridiction pénale en ce qui concerne la juridiction de la Cour. Cette dernière aura une compétence subsidiaire par rapport à la première, dans les termes prévus par le Statut de rome qui a créé la Cour pénale internationale. La coopération et l'assistance entre les autorités nationales compétentes et la Cour pénale internationale, ainsi que les procédures

Chili à cet important traité international qui, pour certains, est l'un des derniers grands accords signés au niveau multilatéral. La cohérence de l'action internationale de ce pays du Sud exigeait de passer tous les obstacles qui l'empêchaient de participer à la présente convention et qui ont conduit au dépôt de l'instrument de ratification à la Cour pénale internationale le 29 juin 2009.

Dans un autre domaine, à notre avis, il semble que le système partisan ait joué un rôle important dans la représentation des intérêts des citoyens, au moins dans le passé, même avec toutes les critiques dont le scrutin binominal [1] a fait l'objet, pendant des années, et qui a conduit à la réforme du système électoral en 2015. Aujourd'hui, le financement des partis politiques fait l'objet d'un large débat qui conduira, peut-être, à un système plus transparent, ce qui est vital pour la santé de la démocratie. En outre, les ajustements du principe de séparation des pouvoirs qui ont été réalisés au Chili ont conduit à des réformes constitutionnelles et juridiques intéressantes.

En résumé, il est évident que le présidentialisme a pris avec souplesse de nouvelles formes, et le pouvoir d'adaptation a fini par apporter une stabilité au système constitutionnel.

Dans notre contribution, nous avons évoqué la Cour constitutionnelle et la façon dont elle a conforté sa place sur la scène chilienne, laquelle a conduit à en faire un acteur important dans le traitement des questions contingentes de la vie sociale. La

---

judiciaires et administratives qui pourraient en découler, seront soumis aux dispositions de la loi chilienne. La juridiction de la Cour pénale internationale, dans les termes prévus par son Statut, ne pourra être exercée que pour les crimes relevant de sa compétence et dont le principe d'exécution sera postérieur à l'entrée en vigueur au Chili du Statut de Rome. »

[1] L'élection des députés et des sénateurs avait lieu au scrutin binominal, qui reposait sur une double liste permettant de pourvoir aux deux sièges d'une circonscription, et on ne tenait pas compte d'une troisième force pour renforcer les majorités au Congrès pour certains quorums prévus par la Constitution. *Cf.* Carlos Huneeus, *op. cit.*, p. 25. La loi n° 20840 de mai 2015 remplaça le scrutin binominal par la représentation proportionnelle permettant une meilleure représentation des forces politiques et renforçant la représentativité du Congrès national. Ainsi, « la totalité des déclarations de candidatures aux fonctions de député ou de sénateur faites par les partis politiques, liés ou non par un pacte, ni les candidats hommes ni les candidates femmes ne pourront dépasser 60 % du total ».

position privilégiée que le système politique et juridique confère à la Cour constitutionnelle rend son interprétation beaucoup plus pertinente et conduit également à distinguer l'interprétation constitutionnelle de l'interprétation de la loi.

Le développement et la consolidation des cours constitutionnelles au cours des dernières décennies en Amérique latine et dans le monde confirment qu'il y a une reconnaissance de la nécessité de disposer d'organes étatiques au plus haut niveau qui sont en charge du processus de réalisation des dispositions constitutionnelles de manière continue.

On peut peut-être présenter cette position importante que la Cour constitutionnelle a acquise comme un facteur atténuant le présidentialisme dans sa présentation traditionnelle ; nous avons tendance à penser *a priori* que c'est ce qui se passe actuellement au Chili.

José Luis Cea Egaña estime même :

> … la Cour [constitutionnelle] est maintenant le "ressort maître de la machine" pour donner une réalité aux valeurs, aux principes et aux normes qui envisagent la "séparation des pouvoirs" avec les freins et contrepoids, afin de servir la personne dans la démocratie et par la loi [1].

De ce qui précède, bien que le Chili se caractérise par un Président fort, vainqueur des élections et présentant un haut niveau de personnalisation, il y a quelques indices qui conduisent à parler de contrepoids, comme la Cour constitutionnelle. Nous espérons en outre que le Congrès ne cessera d'être un espace de discussion populaire par excellence, compte tenu des multiples canaux de communication sur lesquels il peut compter.

La séparation des pouvoirs et le contrôle de conventionnalité

Parmi les nouvelles questions que le droit constitutionnel latino-américain soulève, le contrôle de conventionnalité se présente comme une institution innovante qui a conduit à une

[1] José Luis Cea Egaña, « Proyecciones de la separación de poderes en el Estado contemporáneo », *Anuario de Derecho Constitucional Latinoamericano*, (tomo I), Konrad Adenuaer Stiftung, 2007, p. 161.

division de la doctrine entre partisans et détracteurs. Dans les développements suivants, nous examinerons brièvement si des objections peuvent être formulées en ce qui concerne la séparation des pouvoirs.

Le contrôle de conventionnalité se définit comme l'examen de la compatibilité des règles nationales avec les traités internationaux des droits de l'homme que doivent appliquer tous les juges et qui, dans le système interaméricain, doivent être pris en compte par la Convention américaine des droits de l'homme (ainsi que les protocoles additionnels) et par la jurisprudence de la Cour interaméricaine des droits de l'homme, cette dernière étant la seule juridiction, dans le système interaméricain de protection des droits de l'homme, à interpréter de manière ultime et définitive le Pacte de San José [1].

Certains insistent sur sa viabilité, comme Victor Bazán qui a écrit :

> L'application officieuse du contrôle de conventionnalité, symbolisant une manifestation de l'application de la jurisprudence internationale par les juges locaux (et les autres autorités compétentes), peut notamment s'expliquer – en utilisant *mutatis mutandis* les mots de Jimena Quesada – « comme une mise en œuvre correcte du principe *jura novit curia*, à savoir que le juge interne applique la jurisprudence internationale pour résoudre les cas sur lesquels il est appelé à se prononcer bien que les plaideurs n'aient pas invoqué ladite jurisprudence internationale, celle-ci étant finalement décisive pour la résolution de ces affaires [parce que] l'application des normes internationales par les juges nationaux et autres acteurs juridiques est considérée comme la "pierre de touche" de la mise en œuvre effective du droit international en tant que tel »[2].

---

[1] Eduardo Ferrer Mac Gregor explique : « En cas de violation (par action ou par omission), la responsabilité internationale incombe à l'État et non à l'un de ses organes ou pouvoirs. » Le juge de la Cour indique qu'iil s'agit d'un nouveau paradigme. *Cf.* Eduardo Ferrer Mac Gregor, « Interpretación conforme y control difuso de convencionalidad: El nuevo paradigma para el juez mexicano », *Estudios constitucionales*, 9 (2), 2011, p. 560, http://www. scielo.cl/scielo.php?script=sci_arttext&pid=S0718-52002011000200014&lng=es &nrm=iso (consulté le 30 avril 2016).

[2] Victor Bazán, « Control de Convencionalidad, aperturas dialógicas e influencias jurisdiccionales recíprocas », *Revista Europea de Derechos Fundamentales*, n° 18, 2011, p. 80.

Dans une vision substantielle, si nous revenons à la séparation des pouvoirs, son but ultime est d'éviter la concentration du pouvoir dans une seule main, afin de parvenir à un respect matériel des droits et des libertés des citoyens ; si le but du contrôle de conventionnalité est d'assurer le respect des droits fondamentaux, il ne devrait pas y avoir de conflit.

L'actualité de l'exclusivité de la fonction judiciaire entre les mains de la justice réaffirme l'obligation de préserver le principe de la suprématie de la Constitution, liée au principe *iura novit curia* selon lequel « le juge connaît le droit » et doit l'appliquer et se prononcer conformément à celui-ci.

Manuel Antonio Garretón note, en ce qui concerne le Chili :

> On pourrait dire que la question en suspens des droits de l'homme n'a rien à voir avec le système de gouvernement. Cependant, le cas du Chili montre que le présidentialisme renforcé et affaibli, de même que le Parlement affaibli et transformé en lieu de veto d'une minorité, réduisent l'action des pouvoirs de l'État en la matière à une dimension purement symbolique. C'est ce qui s'est passé avec la formation de la Commission Rettig (« Vérité et Réconciliation ») sous le Gouvernement de Patricio Aylwin, et la table des négociations avec la participation de représentants du Gouvernement, de militaires et d'avocats des droits de l'homme en 1999. Il est vrai que la dimension symbolique est d'une énorme importance et a également conduit à des accords législatifs sur la réparation des victimes et de leurs familles. Mais le fait demeure que dans le domaine de l'éclaircissement, et surtout de la justice, la situation est dans l'impasse depuis de nombreuses années en raison de l'absence de solution institutionnelle [1].

Ainsi, l'approfondissement du respect substantiel des droits de l'homme et la collaboration externe du droit international des droits de l'homme au droit chilien seraient renforcés par une position plus large sur le contrôle de conventionnalité. À ce stade, il est difficile de continuer à nier l'impact du droit international sur le droit national.

[1] Manuel Antonio Garretón, *op. cit.*, p. 193.

Ce sujet, qui s'inscrit dans le cadre de la relation entre la société nationale et l'ordre international, doit être abordé de manière prudente, car il peut y avoir une tentation d'atteindre, par l'ordre international, des objectifs que la société nationale ne veut pas autoriser dans sa structure démocratique. Dans le cas du Chili, avec un État aussi ouvert au droit international à bien des égards, par exemple dans sa politique commerciale[1], cette relation nécessite une réflexion plus approfondie.

En général, les analyses du contrôle de conventionnalité se fondent sur des perspectives matérielles et substantielles et, dans l'optique du droit international, soulignent les dangers du manque de légitimité et du déficit démocratique du droit international[2]. Il manque une vision pour aborder ce mécanisme à partir du principe de séparation des pouvoirs[3], et nous ouvrons le débat en espérant que la doctrine apportera une contribution de haut niveau.

Remarques finales

Notre continent, en se référant à la démocratie, a accepté dans la Charte démocratique de l'Organisation des États américains (OEA) [4] que « ... l'exercice effectif de la démocratie re-

---

[1] Le Chili est le pays ayant passé le plus d'accords commerciaux internationaux, selon *América Economía* du samedi 26 octobre 2013 : http://www.americaeconomia.com/node/103784.

[2] Nous recommendons la lecture de l'excellent article de Ximena Fuentes Torrijos, qui évoque ces peurs : « El derecho internacional y el derecho interno: definitivamente una pareja dispareja », *Revista de Economía y Derecho*, 15 (4), 2007, Universidad Peruana de Ciencias Aplicadas, p. 21-35.

[3] L'un de ces rares travaux sur cette relation est celui de Manuel Fernando Quinche Ramírez qui soutient textuellement : « dans le conditions actuelles du constitutionnalisme et du présidentialisme des pays andins, le contrôle de conventionnalité est un instrument utile pour la réalisation des droits de l'homme et de la démocratie, dans la mesure où il lie directement le juge ordinaire et les autres institutions de l'État, à partir du droit international des droits de l'homme (...), et plus précisément du droit conventionnel, le droit contenu dans les conventions internationales sur les droits de l'homme souscrites par les États andins, qui disposent d'un organe judiciaire de surveillance, de contrôle et d'attribution des responsabilités. » *Cf.* Manuel Fernando Quinche Ramirez, *op. cit.*, p. 168-169.

[4] La Charte démocratique interaméricaine a été approuvée par la résolution de l'Assemblée générale de l'Organisation des États américains dans la ville de

présentative [soit] le fondement de la règle de droit et des régimes constitutionnels des États membres de l'Organisation des États américains » ; en ce qui concerne le contenu, il a déclaré :

> Sont des éléments essentiels de la démocratie représentative, entre autres, le respect des droits de l'homme et des libertés fondamentales, l'accès au pouvoir et son exercice soumis à l'État de droit, la tenue d'élections périodiques, honnêtes et fondées sur le suffrage universel et secret en tant qu'expression de la souveraineté du peuple, le système pluraliste de partis et d'organisations politiques, et la séparation et l'indépendance des pouvoirs publics.

On voit que la séparation des pouvoirs est une condition préalable pour la démocratie et la validité des droits de l'homme.

La pertinence de ce principe pour l'Amérique latine est confirmée, et « la doctrine de la séparation des pouvoirs a été, pendant des siècles, la principale théorie constitutionnelle qui prétendait être en mesure de distinguer les structures institutionnelles des sociétés libres de celles des sociétés qui ne le sont pas[1] ». L'utilité du principe s'est confirmée jusqu'à nos jours, car elle sert à confronter le système politique et constitutionnel de l'État comme un paradigme et génère ainsi la légitimité.

Ce bref rappel de la réalité chilienne de la séparation des pouvoirs laisse en suspens des questions et des préoccupations, mais confirme également la validité de ce principe en tant que technique d'organisation du pouvoir qui convient à chaque époque et à chaque société.

Les traits distinctifs de la séparation des pouvoirs au Chili rendent compte de sa relation intime avec le présidentialisme

---

Lima le 11 septembre 2001 ; les citations correspondent aux articles 2 et 3 ; enfin, l'article 7 déclare que « la démocratie est indispensable pour l'exercice effectif des libertés fondamentales et les droits de l'homme, dans leur caractère universel, indivisible et interdépendant, consacrés par les Constitutions respectives des États et par les instruments interaméricains et internationaux des droits de l'homme ». Bien qu'il s'agisse d'une résolution et non d'un traité international, cette charte est importante car elle rappelle les postulats démocratiques inclus dans la Charte de l'Organisation des États américains adoptée à Bogota en 1946.

[1] *Cf.* Maurice J. C. Vile, 1967, p. 9.

auquel elle a été confrontée dans ce pays. L'application pratique du principe nous indique qu'il y a eu une atténuation du présidentialisme exacerbé instauré par la Constitution de 1980 [1].

Dans l'architecture constitutionnelle chilienne, il apparaît que la Cour constitutionnelle est appelée à protéger l'essence même du principe de séparation des pouvoirs et ainsi d'être le gardien de la Constitution et des droits fondamentaux. Nous avons également observé que ce principe est soumis à une actualisation constante. Parmi ses nouveaux défis, le contrôle de conventionnalité est un sujet nouveau qu'il faut prendre en compte.

Si nous nous référons à la réalité des autres pays de la région latino-américaine, nous pouvons dire que nous avons décrit les éléments essentiels qui nous permettent de parler d'un État démocratique qui respecte la séparation et l'indépendance des pouvoirs publics. Les actualisations dont nous avons parlé le confirment de la même manière que la stabilité acquise par le peuple chilien.

En ce qui concerne le Chili, d'autres sujets soulèveront certainement de nouveaux défis, notamment le développement de l'immigration, la nécessité d'une plus grande transparence dans les processus de prise de décision et l'activité des partis politiques, une plus grande attention accordée au développement durable, entre autres, qui sont des demandes sociales qui, à court ou moyen terme, nécessiteront de nouvelles adaptations du principe.

Nous espérons que la souplesse de la séparation des pouvoirs permettra de relever les nouveaux défis, de manière à assurer la consolidation, que nous désirons tous, de l'État de droit démocratique dans cette région sud-américaine.

---

[1] Selon les mots de Sergio Carrasco, « il faut aussi conclure que, dans son application, on a peu à peu retiré au système présidentiel le poids que lui a donné à l'origine la Constitution. Cela a été et est ainsi, principalement parce qu'après 1989, les partis politiques représentés au Congrès ont récupéré dans les faits le rôle d'importance électorale, et donc politique, qu'ils avaient durant la période historique antérieure à celle du Gouvernement militaire. » *Cf.* Sergio Carrasco Delgado, « La evolución político constitucional de Chile », *Estudios constitucionales*, 6 (2), 2008, p. 301-324.

Bibliographie

ACKERMAN, John M., « Organismos autónomos y la nueva división de poderes en México y América Latina », *in* Jorge CARPIZO y Carol B. ARRIAGA (coord.), *Homenaje al Dr. Emilio Rabasa*, México, IIJ-UNAM, 2010, p. 3-21.

BAZAN, Victor, « Control de Convencionalidad, aperturas dialógicas e influencias jurisdiccionales recíprocas », *Revista Europea de Derechos Fundamentales*, n° 18, 2011, p. 63-104.

BELOV, Martin, « Separation of Powers reconsidered: a Proposal for a New Theoretical Model at the Beginning of the 21st Century », *in* GEISLER, Antonia (eds.), *Law, politics, and the Constitution. New perspectives from legal and political theory*, Frankfurt PL Acad. Research, 2014, p. 47-60.

BIDART CAMPOS, German, *Manual de la Constitución Reformada*, t. I, Buenos Aires, Ed. Ediar, 1998, 2e réimpr..

BORDALI SALAMANCA, Andrés, « La doctrina de la separación de poderes y el poder judicial chileno », *Revista de Derecho de la Pontificia Universidad Católica de Valparaíso*, n° 30, 2008, p. 185-219 ; consultable sur Internet : http://dx.doi.org/10.4067/S0718-68512008000100004 (consulté le 3 février 2016).

CARRASCO DELGADO, Sergio, « La evolución político constitucional de Chile », *Estudios constitucionales*, vol. 6, n. 2, 2008, p. 301-324.

CEA EGAÑA, José Luis, « Proyecciones de la separación de poderes en el Estado contemporáneo », *Anuario de Derecho Constitucional Latinoamericano,* (tomo I), Konrad Adenuaer Stiftung, 2007, p. 147-161.

Chile Transparente y Transparency International, *Indice de Percepción de la Corrupción 2015*, http://www.chiletransparente.cl/documento/?t=2015&c= (consulté le 4 mai 2016).

Consejo para la transparencia, 2016, http://www.consejotransparencia.cl/consejo/site/edic/base/port/inicio.html (consulté le 11 février 2016).

CORDERO QUINZACARA, Eduardo, « La legislación delegada en el Derecho Chileno y su función constitucional », *Estudios constitucionales*, 8 (2), 2010, p. 49-86, http://dx.doi.org/10.4067/S0718-52002010000200004 (consulté le 5 mai 2016).

FERNANDOIS VOIHRINGER, Arturo, GARCIA GARCIA, José Francisco, « Origen del Presidencialismo chileno: reforma constitucional de 1970, ideas matrices e iniciativa legislativa exclusiva », *Revista chilena de derecho*, 36 (2), 2009, p. 281-311, http://dx.doi.org/10.4067/S0718-34372009000200004 (con sulté le 29 avril 2016).
FERREIRA RUBIO, Delia, *Política agroindustrial. Fundamentos para el desarrollo sostenido y sustentable de la agroindustrial. Enfoque institucional, histórico y económico-social*, Buenos Aires, Foro de la Cadena Agroindustrial Argentina, 2009.
FERRER MAC-GREGOR, Eduardo, « Interpretación conforme y control difuso de convencionalidad: El nuevo paradigma para el juez mexicano », en *Estudios constitucionales*, 9 (2), 2011, p. 531-622, http://www.scielo.cl/scielo.php?script=sci_arttext&pid=S0718-52002011000200014&lng=es&nrm=iso (consulté le 30 avril 2016).
FUENTES TORRIJOS, Ximena, « El derecho internacional y el derecho interno: definitivamente una pareja dispareja », *Revista de Economía y Derecho*, vol. 15 No. 4, 2007, Universidad Peruana de Ciencias Aplicadas, p. 21-35.
GARCÍA ROCA, Javier, « Del principio de la división de poderes », *Revista de Estudios Políticos Nueva Época*, n° 108, abril-junio 2000, p. 41-75.
GARRETÓN, Manuel Antonio, « La cuestión del régimen de gobierno en el Chile de hoy », *Tipos de Presidencialismo y Coaliciones Políticas en America Latina*, Buenos Aires, CLACSO, Consejo Latinoamericano de Ciencias Sociales, 2001, p. 189-200.
GROTE, Rainer, « El desarrollo dinámico de la preceptiva constitucional por el juez constitucional en Alemania », *Ius et Praxis*, 9 (2), 2003, p. 201-216.
HÄBERLE, Peter, *El Estado constitucional*, Perú, Universidad Nacional Autónoma de México, Instituto de Investigaciones Jurídicas, Pontificia Universidad Católica del Perú, 2e ed., 2003.
HENRIQUE VIÑAS, Miriam Lorena, « Ley 20.609, que establece medidas contra la discriminación », *Academia Judicial Chile*, 2016, http://intranet.academiajudicial.cl/Imagenes/Temp/CUESTIONARIO%20LEY%2020.609.pdf (consulté le 19 mai 2016).

HOFFMANN-RIEM, Wolfgang, « La división de poderes como principio de ordenamiento », *Anuario de Derecho Constitucional Latinoamericano* (t. I), Konrad Adenuaer Stiftung, 2007, p. 211-225.
HUNEEUS, Carlos, « ¿Por qué ha funcionado el Presidencialismo en Chile? Factores institucionales y el liderazgo de Patricio Aylwin », *Persona y Sociedad*, XIV, n° 2, 2005, p. 11-53.
LUCAS GARIN, Andrea, « Nuevas dimensiones del Principio de división de poderes en un mundo globalizado », *Estudios constitucionales*, 7 (2), 2009, p. 241-253.
NAVARRO BELTRAN, Enrique, « La teoría general de la división de poderes en la constitución de 1980 », *Revista de Derecho de la Pontificia Universidad Católica de Valparaíso*, n° 14, 1991, p. 201-238.
PALICI DE SUNI, Elisabetta, « Parità di genere », *Digesto delle Discipline Pubblicistiche*, Aggiornamento III, Tomo II, Utet Guiridica, Italia, 2008, p. 593-609.
POZZOLO, Susanna, « Neoconstitucionalismo y especificidad de la interpretación constitucional », *Doxa*, n° 21, vol. II, 1998, p. 339-356.
QUINCHE RAMIREZ, Manuel Fernando, « El presidencialismo, el control de convencionalidad y la democracia en los países andinos », *Revista Co-herencia*, 10 (19), julio-diciembre 2013, 2013, p. 167-206.
ROMERO, César Enrique, *Introducción al Derecho Constitucional*, Buenos Aires, Víctor P. de Zavalía Editor, 2e éd., 1976.
TARRE BRICEÑO, Gustavo, « La separación de poderes en los Estados Unidos », *in* Jesus María CASAL H., Alfredo A. ARISMENDI, Carlos Luis A. CARRILLO (coord.), *Tendencias actuales del Derecho Constitucional. Homenaje a Jesus María Casal Montbrun*, Tomo I, Universidad Católica de Venezuela y Universidad Católica Andrés Bello, Caracas, 2007, p. 485-505.
VILE, Maurice J. C., *Constitutionalism and the separation of power*, Clarendon Press, Oxford, England, 1967.

Les rapports exécutif-législatif et le renforcement du pouvoir judiciaire dans le présidentialisme brésilien

Jorge Barrientos-Parra
Lizandra de Fátima Donato

Notre étude est consacrée à l'analyse du régime politique brésilien d'un point de vue sociojuridique, bien que notre hypothèse de départ et notre démarche empruntent aux études de politistes qui restent complémentaires de notre approche principale.

Sergio Abranches, dans son célèbre article « Presidencialismo de coalizão: o dilema institucional brasileiro [1] », a utilisé l'expression « présidentialisme de coalition » pour désigner le régime politique brésilien qui aurait comme spécificités le fédéralisme et « la combinaison de la représentation proportionnelle, du multipartisme [2], du "présidentialisme impérial" et de l'organisation de l'exécutif basée sur de grandes coalitions ». Pour cet auteur, un tel modèle exige des mécanismes supplémentaires de gestion des conflits, car les Gouvernements de coalition, du fait qu'ils reposent sur des ensembles d'intérêts très hétérogènes, sont extrêmement instables. En outre, dans un régime présidentialiste, ces derniers tendent à déstabiliser le régime lui-même. Dans cette conception, quoique nécessaires, les coalitions seraient inefficaces et incapables d'apporter un soutien solide au Gouvernement.

---

[1] S. Abranches, « Presidencialismo de coalizão: o dilema institucional brasileiro », *Dados. Revista de Ciências Sociais*, Rio de Janeiro, 31 (1), 1988, p. 5-34.

[2] Selon le Tribunal supérieur électoral, il y a maintenant trente-deux partis politiques enregistrés au Brésil. *Cf.* http://www.tse.jus.br/partidos/partidos-politicos/registrados-no-tse.

Notre objectif est de démontrer que le présidentialisme de coalition s'avère très efficace du point de vue de la gouvernabilité, et que les freins et contrepoids de ce modèle sont assurés par le pouvoir judiciaire, quoique parfois celui-ci ne remplisse pas ce rôle politique.

Les caractéristiques du présidentialisme brésilien

En premier lieu, il convient de signaler l'importance de la Constitution de 1988 en tant que fondement et source de la démocratie brésilienne et des institutions politiques. De façon erronée, les milieux conservateurs avaient prévu que le Brésil deviendrait ingouvernable après la promulgation de cette Constitution. Ils ont mal évalué la portée et la profondeur des droits sociaux reconnus aux travailleurs, ainsi que de l'ensemble des autres droits qu'elle a établis [1]. D'autre part, cette charte politique a fait preuve d'une grande souplesse, malgré sa rigidité apparente, car l'adoption d'un amendement constitutionnel nécessite les trois cinquièmes des voix des membres de la Chambre des députés et du Sénat. En août 2014, 83 amendements constitutionnels avaient ainsi été adoptés !

La Constitution de 1988 est donc le fondement d'une meilleure organisation politique et sociale qui transcende le régime d'exception et consacre – historiquement – les droits des catégories sociales exclues, tout en garantissant les libertés démocratiques [2].

Le système de gouvernement est le présidentialisme (article 76). Le président de la République, ainsi que les gouverneurs des États et du district fédéral et les maires, sont élus à la majorité absolue des voix pour un mandat de quatre ans, et ne peuvent être réélus qu'une seule fois (article 14 § 5). Voyons les caractéristiques juridiques et politiques du présidentialisme brésilien.

---

[1] En particulier les articles 6, 11, 201, 203, 205, 215, 217, 218, 220, 225 et 231.

[2] J. Barrientos-Parra, « La démocratie brésilienne et la Constitution de 1988 », *Agir*, n° 47, *L'Aube du Brésil*, septembre 2011, p. 17.

Les caractéristiques juridiques du présidentialisme brésilien

Les constituants de 1987 ont suivi la tradition présidentialiste brésilienne qui remonte à la proclamation de la République en 1889, et qui possède trois caractéristiques fondamentales.

La première caractéristique est d'être un régime de séparation des pouvoirs, c'est-à-dire, selon Montesquieu, un régime qui distingue trois fonctions de l'État : la fonction exécutive, la fonction législative et la fonction judiciaire. Ces fonctions sont attribuées à des organes indépendants qui les exercent avec une exclusivité relative. Selon Paulo Brossard [1], « dans l'exercice de ses attributions spécifiques, chaque pouvoir est en quelque sorte souverain et donc supérieur aux autres, mais seulement dans les matières qui lui sont exclusives, particulières [2] ».

La deuxième caractéristique est l'octroi de la direction supérieure de l'État et du Gouvernement à un organe monocratique : la présidence de la République, parce qu'un seul individu l'exerce [3].

La troisième caractéristique est que les pouvoirs exécutif et législatif sont strictement indépendants. Ainsi, le président de la République ne peut pas dissoudre la Chambre des députés et convoquer des élections. D'autre part, le président de la République ne dépend pas de la confiance du législatif, ni pour accéder au pouvoir, ni pour l'exercer. Il y a, bien entendu, la possibilité de la suspension du mandat, prévue par l'article 86 [4],

---

[1] P. Brossard, *O "impeachment"*, São Paulo, Saraiva, 1992, p. 131.

[2] « *No exercício de suas atribuições especificas, cada Poder é, de certo modo, soberano, incontestável e, portanto, superior aos demais. Mas somente naquilo que lhe é especifico, exclusivo, peculiar.* »

[3] M. Duverger, *Droit constitutionnel et institutions politiques*, vol. I, Paris, PUF, 1959, p. 135.

[4] Article 85 : « Sont des crimes de responsabilité les actes du président de la République qui portent atteinte à la Constitution fédérale et, en particulier, : I - à l'existence de l'Union ; II - au libre exercice du pouvoir législatif, du pouvoir judiciaire, du ministère public et des pouvoirs constitutionnels des unités de la Fédération ; III - à l'exercice des droits politiques, individuels et sociaux ; IV - à la sûreté intérieure du pays ; V - à l'honnêteté dans l'administration ; VI - à la loi de finances ; VII - à l'exécution des lois et des décisions de justice.

« Paragraphe unique. Ces crimes sont définis par une loi spéciale qui établit les normes de procédure et de jugement. »

lorsque la Chambre des députés vote la mise en accusation du président de la République à la majorité des deux tiers de ses membres en cas de délit de droit commun ou de crime « de responsabilité ». Cependant, celui-ci sera seulement suspendu de ses fonctions, dans la première hypothèse, si l'accusation est reçue par le Tribunal fédéral suprême qui le jugera, dans la seconde hypothèse, après l'organisation du procès devant le Sénat fédéral (article 86, I, II).

Dans le *Mandado de Segurança* n° 21.564-DF, intenté par l'ex-président Fernando Collor de Mello, le ministre [1] Paulo Brossard a déclaré : « Dans les cas de crimes, le tribunal est le Congrès qui, dans l'exercice de ses compétences, dans les termes de la Constitution (...), peut le suspendre et même le destituer [2]. »

Ainsi, la seule volonté politique de la Chambre ne suffit pas pour sanctionner le président de la République par la suspension de son mandat ; il est aussi nécessaire d'obtenir la décision en ce sens du Tribunal fédéral suprême et du Sénat fédéral. Dans l'hypothèse de crime de responsabilité avéré, le président sera démis de ses fonctions : il s'agit de l'*impeachment* [3].

Article 86 : « Si l'accusation portée contre le président de la République est adoptée par les deux tiers de la Chambre des députés, celui-ci est jugé par le Tribunal fédéral suprême, pour les infractions de droit commun, et par le Sénat fédéral, pour les crimes de responsabilité.
« Paragraphe premier. Le Président est suspendu de ses fonctions : I - dans le cas de délit de droit commun, si la dénonciation ou la plainte est reçue par le Tribunal fédéral suprême ; II - dans le cas de crime de responsabilité, après l'organisation du procès devant le Sénat fédéral.
« § 2. Si le jugement n'a pas été rendu dans un délai de 180 jours, la suspension du Président prend fin, sans préjudice de la poursuite régulière de la procédure. »

[1] Le « ministre » est un membre du Tribunal suprême fédéral [NDT].

[2] « *Nos crimes de responsabilidade o seu tribunal é o Congresso, que revestido dessa judicatura, nos termos da Constituição (...) o pode suspender e destituir.* » *Cf.* P. Brossard, *op. cit.*, p. 155.

[3] Sur ce sujet, voir P. Brossard, *op. cit.*. Cette procédure a été appliquée à l'encontre de l'ex-président Collor de Mello en 1992. Après avoir été approuvé par la Chambre, le procès d'*impeachement* a été reçu par le Sénat. Le jour du vote au Sénat, le 29 décembre 1992, Fernando Collor de Mello a renoncé à ses fonctions pour éviter la condamnation. Le Sénat a, par 76 voix contre 3, approuvé l'*impeachement*, c'est-à-dire la destitution du président Collor de Mello et la suspension de ses droits politiques pour huit ans.

La Constitution, notamment aux articles 21, 22 et 84, a reconnu un ensemble de compétences et de responsabilités à l'Union et au pouvoir exécutif fédéral, dont le titulaire est le président de la République. En d'autres termes, ce dernier détient des pouvoirs et des compétences en tant que chef de l'État, chef du Gouvernement, représentant principal de l'Union, directeur de l'administration fédérale, commandant suprême des forces armées et autorité de nomination des membres du Tribunal fédéral suprême et des tribunaux supérieurs, du procureur général de la République, du président et des directeurs de la Banque centrale et d'autres fonctionnaires, lorsque la loi ou la Constitution en dispose ainsi. Il faut signaler que le pouvoir de nomination du président de la République est très large, puisqu'il concerne notamment plus de 100 000 postes et fonctions dits « de confiance [1] » dans les divers ministères et secrétariats d'État, ainsi que dans les entreprises publiques fédérales [2].

L'exécutif fédéral comprend le président et les ministres. La Constitution de 1988 a renforcé les compétences de l'exécutif, qui fait l'objet de 25 points à l'article 21. Les domaines couverts par ces compétences vont de ceux qui sont normalement exercés par les Gouvernements dans un régime présidentiel, comme les affaires étrangères, la défense nationale et la politique monétaire, à de nombreuses autres politiques spécifiques sur lesquelles l'exécutif émet des directives.

> Art. 21 : Il appartient à l'Union : I - de gérer les relations avec les États étrangers et de participer aux organisations internationales ; II - de déclarer la guerre et de conclure la paix ; III - d'assurer la défense nationale ; IV - de permettre, dans les cas prévus par la loi complémentaire, que des forces étrangères

---

[1] Pour remplir ces postes et fonctions publiques, la réussite à un concours n'est pas requise, sauf exception prévue par la Constitution (article 37, II) : « La nomination à un poste ou à un emploi public est soumise à l'admission préalable à un concours public comportant des épreuves ou la possession de titres, à l'exception des nominations discrétionnaires à des emplois définis par la loi comme étant de libre nomination et révocation. » Nous pensons que le principe du recrutement par concours devrait être généralisé, sauf bien entendu en ce qui concerne les ministres et quelques postes dans la haute administration.

[2] A. Vaz Lopes, *Valor Econômico*, 2 mai 2014.

traversent le territoire national ou y stationnent temporairement ; V - de décréter l'état de siège, l'état de défense et l'intervention fédérale ; VI - d'autoriser et de contrôler la production et le commerce de matériel de guerre ; VII - d'émettre la monnaie ; VIII - d'administrer les réserves de change du pays et de contrôler les opérations de nature financière, spécialement celles de crédit, de change et de capitalisation, ainsi que celles d'assurances et de prévoyance privées ; IX - d'élaborer et d'exécuter les plans nationaux et régionaux d'aménagement du territoire et de développement économique et social ; X - de gérer le service postal et les postes aériennes nationaux. Aucune mesure constitutionnelle n'exige la coopération ou la consultation entre l'Union et les États sur les domaines relevant de la juridiction de l'Union.

La Constitution établit que l'Union a une compétence d'initiative législative exclusive sur 29 sujets, précisés à l'article 22 : le droit civil, le droit commercial, le droit pénal, le droit électoral, le droit rural, le droit maritime, le droit aéronautique, le droit de l'espace et le droit du travail.

Art. 84. Il appartient exclusivement au président de la République : I - de nommer et de mettre fin aux fonctions des ministres d'État ; II - d'exercer, avec l'aide des ministres d'État, la direction supérieure de l'administration fédérale ; III - de mettre en œuvre la procédure législative, dans la forme et les cas prévus par la présente Constitution ; IV - de sanctionner, promulguer et faire publier les lois, ainsi que de prendre les décrets et règlements visant à leur fidèle exécution ; V - de mettre son *veto*, total ou partiel, aux projets de loi ; VI - de prendre des dispositions sur l'organisation et le fonctionnement de l'administration fédérale, dans les formes prévues par la loi ; VII - de gérer les relations avec les États étrangers et d'accréditer leurs représentants diplomatiques ; VIII - de conclure les traités, conventions et actes internationaux soumis à la ratification du Congrès national ; IX - de décréter l'état de défense et l'état de siège ; X - de décréter et exécuter l'intervention fédérale ; XI - de remettre un message et un programme de gouvernement au Congrès national, à l'ouverture de la session législative, pour exposer la situation du pays et demander que soient prises les mesures qu'il juge nécessaires ; XII - d'accorder la grâce et de commuer les peines, après avoir entendu, si nécessaire, les organes institués par la loi ; XIII - d'exercer le commandement suprême des forces armées, de promouvoir leurs officiers généraux et de nommer ceux-ci aux charges qui leur sont réservées ; XIV - de nommer, après approbation du Sénat fédéral, les membres du Tribunal fédéral suprême et des tribunaux supérieurs, les gouverneurs des territoires, le Procureur général de la République, le président et les directeurs de la Banque centrale ; XIX - de déclarer la guerre en cas d'agression étrangère, soit avec l'autorisation du Congrès national, soit par referendum, dans le cas où celle-ci surviendrait en dehors de la session législative et, dans les mêmes conditions, de décréter la mobilisation nationale, générale ou partielle.

En outre, la Constitution énumère, dans son long article 84, les compétences du président de la République, parmi lesquelles on retrouve les attributions classiques comme la nomination et la démission des ministres d'État, le droit d'initiative législative, la sanction, la promulgation et la publication des lois adoptées, le pouvoir de prendre les décrets et les règlements nécessaires à leur fidèle exécution, de prendre les mesures provisoires en cas de situation sérieuse et d'urgence, et de convoquer et de présider le Conseil de la République et le Conseil de défense nationale.

Ainsi, le fondement juridique du présidentialisme brésilien dans la Constitution de la République accorde une sorte de priorité aux pouvoirs qui exigent un nécessaire contrepoids pour rendre possible l'équilibre démocratique, comme nous le verrons ultérieurement.

Les caractéristiques politiques du présidentialisme brésilien

Le 21 avril 1993 a eu lieu le plébiscite, prévu par la Constitution brésilienne, proposant au peuple de choisir, d'une part, entre la monarchie et la république, d'autre part, entre le parlementarisme et le présidentialisme [1]. Le peuple a finalement confirmé son attachement à la république et au présidentialisme. Il est vrai que le présidentialisme est la forme de gouvernement la plus compatible avec les caractéristiques du peuple

[1] http://www.tse.jus.br/eleicoes/plebiscitos-e-referendos/plebiscito-de-1993.

brésilien qui, compte tenu de son conformisme et de son optimisme naturel, attend toujours un chef qui viendra résoudre de manière messianique les problèmes du pays. Il s'agit fréquemment d'un leader charismatique jouissant d'une large acceptation dans l'opinion publique, comme Getúlio Vargas, Janio da Silva Quadros ou Luis Inácio Lula da Silva. Souvent, l'élu a fait sa campagne électorale en critiquant la politique et les partis traditionnels, comme ce fut le cas de Jânio Quadros et de Fernando Collor de Mello. Cependant, lorsqu'il accède au pouvoir, il fait de même.

Dans le présidentialisme, la prédominance et le leadership du président sont normaux ; au Brésil, on a ajouté la caractéristique régionale du caudillisme. Selon Luiz Pinto Ferreira, le régime présidentialiste brésilien a surtout comme fondement un présidentialisme mixte et « caudillesque [1] ».

Le caudillisme est un phénomène politique répandu en Amérique latine, surtout au XIXe siècle, qui perdure aujourd'hui dans l'imaginaire du peuple et des hommes politiques et par qui se concrétisent les luttes pour le pouvoir et dans la pratique politique quotidienne.

Quelles sont les caractéristiques du caudillisme brésilien ?

La première est la projection d'une image de bonté ou de capacité à faire le bien – au sens politique –, qui s'impose aux adversaires. On répond ici à la nécessité pour le peuple d'avoir un défenseur, un « père des pauvres », qui puisse leur donner, comme une manne céleste, les biens matériels pour vivre ou survivre. Évidemment, l'élaboration de cette image ne peut se faire aujourd'hui sans l'utilisation des médias et sans une base politique de soutien très large, notamment des syndicats, des partis politiques, des Églises, des mouvements sociaux, *etc.*.

Une autre caractéristique du caudillisme tupiniquim est l'affirmation de la personne du politicien, plus pour la contestation de l'adversaire que pour la promotion de ses propres idées ou de son programme politique. Ainsi, les campagnes électorales sont pauvres en débats idéologiques ou programmatiques, et riches en

---

[1] Luiz Pinto Ferreira, *Princípios gerais do Direito Constitucional moderno*, São Paulo, Editora Revista dos Tribunais, 3e éd., 1955, p. 361.

scandales et en affaires dévoilés. À la fin, le peuple est contraint de choisir le moins mauvais…

Le Brésil est une société politique complexe. Il s'agit d'un pays fédéral avec trois niveaux de gouvernement autonomes : l'Union, les États fédérés et les communes. S'il est difficile de parvenir à dégager un consensus entre vingt-six États et l'Union, la tâche devient herculéenne si l'on ajoute encore le district fédéral et les 5 565 communes, dont plusieurs, comme les capitales des États, sont un vrai défi [1] car bien qu'étant développés, il subsiste un certain nombre de familles et d'individus qui vivent en dessous du seuil de pauvreté.

Aux dernières élections, 142 822 046 électeurs étaient appelés à voter [2]. Aussi, pour communiquer avec les citoyens ou, du moins, pour influencer leur vote, les campagnes électorales sont devenues une entreprise qui requiert la maîtrise des technologies sophistiquées de marketing politique et évidemment, des moyens financiers permettant d'élaborer une « image » acceptable pour le grand public. L'on rejoint ici la pensée de Jacques Ellul qui, dans son œuvre classique *La technique ou l'enjeu du siècle*, a démontré que les instruments techniques ont leur propre poids et modifient les structures par eux-mêmes [3]. Bref, les campagnes électorales sont maintenant un travail de publicitaires, c'est-à-dire que « le problème est d'abord d'argent, ensuite d'habileté technique [4] ». Elles ne sont pas alors une opportunité pour des débats programmatiques, moins encore pour exposer des questions idéologiques ; il s'agit simplement d'une question d'image et de construction d'une image.

Par conséquent, les partis dépendent de plus en plus d'un financement extérieur, surtout privé, c'est-à-dire des grandes compagnies et des grands groupes économiques qui font des dons pour la

[1] Par exemple, São Paulo compte 11 895 893 habitants, Rio de Janeiro 6 453 682, Belo Horizonte 2 491 109, Fortaleza 2 571 896, Salvador 2 902 927 et Brasilia 2 852 372. Source : http://cidades.ibge.gov.br/.

[2] Au second tour de l'élection présidentielle de 2014, 112 683 879 personnes ont voté. Source : http://www.tse.jus.br/eleicoes/estatisticas/estatisticas-eleitorais-2014-resultado.

[3] J. Ellul, *La Technique ou l'enjeu du siècle*, Paris, A. Colin, 1954, p. 75 et 135.

[4] J. Ellul, *Propagandes*, Paris, Economica, 1990, p. 277.

campagne électorale de certains candidats en espérant, bien sûr, une éventuelle gratification de la part du Gouvernement (nous reviendrons sur ce point).

La complexité des intérêts régionaux et l'hétérogénéité de la société brésilienne exigent également un chef d'un grand parti politique, avec un fort appareil partisan et une représentation dans plusieurs États, comme cela a été le cas de Fernando Henrique Cardoso (PSDB) et de Luiz Inácio Lula da Silva (PT). Et, bien sûr, ce chef doit s'identifier fortement avec les masses. Si ce ne fut le cas pour Dilma Roussef, l'exposition médiatique en fait, sans aucun doute, un personnage de grand prestige qui, selon sa propagande, va maintenir les programmes sociaux (comme la « bourse familiale » et « ma maison ma vie ») et va défendre le peuple et la nation contre le particularisme des élites politiques et économiques.

La prédominance du président de la République est inhérente au régime, mais elle s'est accrue à partir de la Constitution de 1988 du fait des activités du Gouvernement fédéral dans le domaine social et économique, qui se sont multipliées pour rembourser la dette sociale et pour lutter contre l'exclusion. Cet interventionnisme fédéral est d'ailleurs voulu par les États, les municipalités et le peuple qui y voient un moyen de faire face aux problèmes d'infrastructure, de santé et de sécurité publique (violence urbaine et crimes violents [1]), dont la solution passe par un engagement majeur du pouvoir exécutif fédéral, le seul qui a les ressources pour réaliser, avec un éventuel partenariat, les investissements nécessaires.

[1] Seize des cinquante villes les plus violentes de la planète sont brésiliennes. Le Brésil a un taux de 29 homicides pour 100 000 habitants, comparable à celui de la République démocratique du Congo, un pays en guerre depuis vingt ans. À titre de comparaison, la France enregistre un taux quinze fois moins élevé. Pour un aperçu du problème voir J. Jacobo Waiselfisz, « Mapa da Violencia 2013 - Mortes *matadas* por armas de fogo », http://www.mapadaviolencia.org.br/pdf2013/MapaViolencia2013_armas.pdf (consulté le 23 octobre 2014).

Les rapports exécutif-législatif

Les indicateurs de réussite et de prédominance

Pour bien cibler le problème, la première question qui se pose est de savoir qui fait la loi au Brésil. La réponse est très simple : le pouvoir exécutif. Des indicateurs montrent que le Gouvernement a la primauté en matière législative.

En parlementarisme comme en présidentialisme, deux indicateurs sont utilisés pour mesurer les relations entre l'exécutif et le législatif : les taux de réussite des initiatives législatives du pouvoir exécutif, et les taux de prédominance dans l'élaboration des lois. Le premier montre la proportion de projets de loi présentés l'exécutif qui ont été adoptés par le Parlement, et le second est le rapport entre les lois votées sur proposition de l'exécutif et le total des lois approuvées dans une période donnée.

Le taux de réussite du pouvoir exécutif dans la période postérieure à la promulgation de la Constitution de 1988 est de 70,7 % [1], et le taux de prédominance est de 85,6 % selon Fernando Limongi et de 85,5 % selon José Álvaro Moisés [2]. Si l'on considère les votes au cours des séances plénières, le président a presque toujours la majorité. Si l'on retient un échantillon de 842 votes sous les Gouvernements de José Sarney et sous le premier Gouvernement de Luiz Inácio Lula da Silva, les présidents ont réussi à faire passer leurs lois à 769 reprises, c'est-à-dire dans 91,3 % des cas [3].

Au vu de ces développements, la première constatation qui s'impose est que tout ce que l'exécutif envoie au Congrès national est en général approuvé parce que les divers Gouvernements ont eu le soutien d'une majorité parlementaire solide, c'est-à-dire d'une coalition de partis chez lesquels la discipline est la norme. Les parlementaires affiliés aux partis de la coalition qui soutiennent le président de la République suivent la recommandation de

---

[1] F. Limongi, « Presidencialismo, coalizão partidária e processo decisório, Novos Estudos », Cebrap, n° 76, novembre 2006, p. 23.

[2] J. A. Moisés, « Desempenho do Congresso Nacional no presidencialismo de coalizão (1995-2006) », *Cadernos Adenauer* XII, n° 2, 2011, p. 230. L'auteur retient la période 1995-2006 au cours de laquelle 2 310 lois proposées par l'exécutif et seulement 391 (14,5 %) proposées par le législatif.

[3] F. Limongi, « Presidencialismo, coalizão partidária e processo decisório, Novos Estudos », *Cebrap*, n° 76, novembre 2006, p. 24.

vote du chef du Gouvernement, ce qui ne diffère pas des régimes parlementaires.

La question qui se pose est alors de savoir comment les Gouvernements parviennent à former des coalitions. La réponse est complexe. Il y a, évidemment, une base politique qui est le fondement de la coalition électorale sur la base des affinités idéologiques et programmatiques.

En tout cas, dans la formation de la coalition et dans la recherche de soutiens pour certains votes dans lesquels l'exécutif est impliqué, la *realpolitik* s'impose, d'une part au Gouvernement qui essaie d'élargir sa base d'appui pour disposer d'une majorité stable, d'autre part aux parlementaires qui vont au Congrès avec un objectif très pragmatique : survivre politiquement. Comment alors présenter des projets qui ne seront peut-être pas votés en assemblée plénière [1], ou des projets sans grand intérêt ? Ainsi, même avec la décision du Tribunal fédéral suprême déclarant que les mandats proportionnels appartiennent aux partis [2], on peut relever une très forte tendance à s'allier avec la coalition gouvernementale qui aura toujours d'éventuels intérêts à partager ; il s'agit ici d'avantages tout à fait légaux procurés par le fait d'appartenir à la coalition qui soutient le Gouvernement. En tout cas, nous avons des exemples d'utilisation de moyens illégaux pour inciter des parlementaires à voter avec le Gouvernement : le « *mensalão* [3] »

---

[1] L'inscription de projets ou de questions à l'ordre du jour des séances plénières de la Chambre et du Sénat dépend de la décision des présidents des deux chambres, qui recueillent l'avis des présidents des groupes parlementaires avant de décider.

[2] En octobre 2007, le STF a décidé que les partis politiques étaient titulaires des mandats obtenus par la représentation proportionnelle et que, par conséquent, les députés fédéraux, les députés d'États et les conseillers municipaux perdaient leurs mandats s'ils quittaient sans raison le parti après leur élection. *Mandado de Seguranca* n° 26.602/DF, n° 26.603/DF et n° 26.604/DF.

[3] Ce mot fait référence au paiement des pots-de-vin à plusieurs députés en échange de leur vote en faveur des projets de loi du Gouvernement du président Lula da Silva. L'affaire a été jugée en 2012 par le Tribunal fédéral suprême qui a prononcé des condamnations contre les principaux protagonistes, à savoir les dirigeants du Parti des travailleurs. Pour la première fois dans l'histoire de la République, la Cour suprême brésilienne a infligé des peines d'emprisonnement pour corruption à l'encontre de personnes appartenant à l'élite du principal parti au pouvoir.

au niveau fédéral, et le « *mensalão mineiro* [1] » au niveau des États. Nous aurons l'occasion d'y revenir.

Le volume de la production législative

Le graphique I, établi à partir des données réunies par Charles Pessanha (1997), et Argelina Figueiredo et Fernando Limongi (1999), et actualisé par Fabricio Vasselai (2009), confirme, non seulement, que la tendance de la période 1946-1964, quand il y avait un grand équilibre dans les prérogatives législatives de l'exécutif et du législatif, a été inversée, mais aussi que le volume de la production des lois dont l'initiative relève du pouvoir exécutif a augmenté avec le temps [2]. Ainsi, nous constatons qu'étant donné la suprématie écrasante du pouvoir exécutif sur la production législative, le pouvoir législatif brésilien s'est appauvri qualitativement et quantitativement.

Graphique 1. Initiatives législatives du Congrès national et de l'exécutif (1946-2006) (source : J. A. Moisés, 2011)

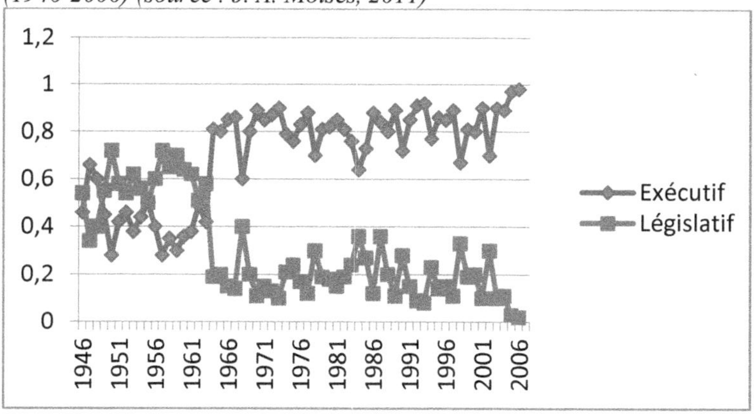

[1] Plusieurs procès sont en cours devant la justice brésilienne contre divers hommes politiques qui ont détourné environ 3 600 000 $ pour financer la campagne électorale d'Eduardo Azeredo (PSDB), gouverneur de Minas Gerais, pour sa réélection en 1998.
[2] J. A. Moisés, *op. cit.*, p. 26.

Le graphique 2, établi à partir des données du Gouvernement fédéral, envisage l'adoption des mesures provisoires [1], qui ont force de décrets. De 2007 à 2013, la tendance de la production législative à l'initiative de l'exécutif est restée stable, quoiqu'un peu inférieure à la moyenne. En tout cas, le pouvoir exécutif continue à avoir le contrôle de l'agenda politique et a conservé sa domination sur le Congrès national.

Graphique 2. Mesures provisoires 1988-2013 (source : Portal da Legislação - Governo Federal)

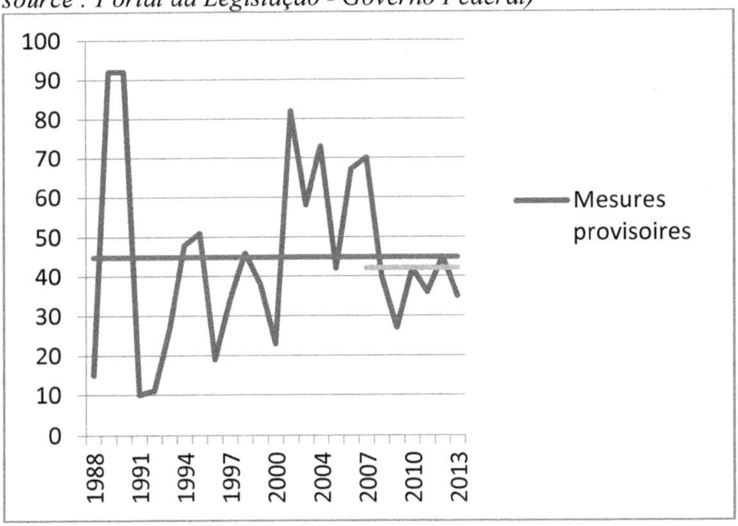

Le contrôle de la production législative par l'exécutif au Brésil est effectué par l'application de deux facteurs institutionnels que l'on retrouve d'ailleurs dans n'importe quel pays démocratique, à savoir le soutien de la majorité rassemblée dans une coalition partisane et le contrôle de l'agenda du travail législatif (« pouvoir d'agenda »).

[1] En cas d'urgence et si nécessaire, le président de la République peut adopter des mesures provisoires ayant force de loi ; il est tenu de les soumettre immédiatement au Congrès national ; si celui-ci n'est pas en session, il est convoqué en session extraordinaire dans un délai de cinq jours. Si la mesure n'a pas été étudiée dans un délai de 45 jours à compter de sa publication, elle sera examinée selon le régime d'urgence et toutes les sessions seront suspendues jusqu'au vote.

Le président de la République a une compétence d'initiative exclusive dans la procédure législative dans d'importants domaines comme la fiscalité, le budget et l'établissement des postes et fonctions publiques.

Selon l'article 165 de la Constitution, « Des lois votées à l'initiative du pouvoir exécutif établissent le plan pluriannuel, les directives budgétaires, les budgets annuels ».

Quant à l'article 166, § 3, il prévoit :

> Les amendements au projet de loi de finances annuel ou aux projets de loi rectificatifs ne peuvent être approuvés que si : I - ils sont compatibles avec le plan pluriannuel et la loi de directives budgétaires ; II - ils indiquent les ressources nécessaires, en n'admettant que celles qui proviennent de l'annulation de dépenses, à l'exclusion de celles qui affectent : a) les dotations de paiement du personnel et les charges afférentes ; b) le service de la dette ; c) les transferts constitutionnels de recettes fiscales au profit des États, des communes, du district fédéral.

Ces dispositions constitutionnelles limitent de droit d'initiative des députés et des sénateurs à la redistribution des crédits déjà attribués par l'exécutif. Dans la pratique, ceci empêche les parlementaires d'utiliser leurs mandats simplement pour distribuer des fonds publics.

L'enjeu de la primauté du pouvoir exécutif est la revalorisation du pouvoir législatif, et ceci à deux niveaux ; le premier, *interna corporis*, par exemple la valorisation du contrôle et de la surveillance de l'action gouvernementale, et le second, extérieur au Congrès, à savoir la valorisation, aux yeux de l'opinion, de la dignité du travail des parlementaires.

La pratique politique, à partir de 1988, démontre que le présidentialisme dit de coalition est un régime où les divers Gouvernements ont, jusqu'à aujourd'hui [1], réussi à bénéficier du soutien de majorités parlementaires stables pour faire voter leurs lois et appliquer leurs programmes. Les coalitions, durant

---

[1] C'est-à-dire Fernando Collor de Mello, mars 1990-décembre 1992, Itamar Franco, décembre 1992-1994, Fernando Henrique Cardoso, 1995-1998 et 1999-2002, Luiz Inácio Lula da Silva, 2003-2006 et 2007-2010, et Dilma Roussef, 2011-2014.

cette période, ont donc été très efficaces du point de vue de la gouvernabilité. Ainsi, nous pouvons affirmer que la stabilité politique a été assurée sur les fondements institutionnels, établis par la Constitution de 1988 qui a renforcé les compétences du pouvoir exécutif.

Le renforcement du pouvoir judiciaire

Le régime présidentialiste établi par la Constitution de 1988 a donné au pouvoir judiciaire le statut d'un pouvoir modérateur qui, dans l'esprit démocratique, joue un rôle de frein et contre-poids vis-à-vis du pouvoir « impérial » de l'exécutif. Il faut appréhender cette valorisation du pouvoir judiciaire dans une perspective historique, c'est-à-dire en prenant en considération la période du régime militaire, à partir du coup d'État de 1964, où le judiciaire a été dévalorisé et a perdu son indépendance, voire son autonomie. C'est d'ailleurs le même processus d'abaissement qu'ont subi les pouvoirs judiciaires dans toutes les dictatures d'Amérique latine [1].

Les constituants ont alors eu la sagesse de prendre en considération le fait que l'une des conditions et, en même temps, l'une des garanties d'un régime démocratique, que le peuple brésilien veut instaurer selon le préambule de la Constitution [2],

---

[1] Voir notamment J. Barrientos-Parra, « O Caso Pinochet e a Universalização da Luta pelos Direitos Humanos », *Revista dos Tribunais*, n° 763, 1999, p. 465-474 ; R. A. Dreifuss, *1964: A Conquista do Estado*, São Paulo, Vozes, 1981 ; J. Dinges, *Os Anos do Condor-Uma Década de Terrorismo Internacional no Cone Sul*, São Paulo, Companhia das Letras, 2005 ; E. Gaspari, *A Ditadura Escancarada*, São Paulo, Companhia das Letras, 2002 ; J. Barrientos-Parra, « O Paradigmático Caso do Processo às Juntas Militares Argentinas », *Cadernos de Direito*, 14 (26), 2014, p. 53-70, http://dx.doi.org/10.15600/2238-1228/cd.v14n26p53-70 ; A. Rodriguez, *Nacidos en la sombra*, Buenos Aires, Editorial Sudamericana, 1996 ; E. Mignone, *Los decretos de indulto en la República Argentina*, Buenos Aires, CELS, 1990 ; C. Huneeus, *El régimen de Pinochet*, Santiago, Editorial Sudamericana, 2000 ; C. Demasi, A. Marchesi, V. Markarian, A. Rico, J. Yaffé, *La dictadura cívico-militar. Uruguay 1973-1985*, Montevideo, Banda Oriental, 2009 ; Comisión Nacional Sobre la Desaparición de Personas (CONADEP), *Nunca más. Informe de la CONADEP*, 3 tomes, Buenos Aires, Editorial Universitaria de Buenos Aires, 2006.

[2] Préambule : « Nous, représentants du peuple brésilien réunis en Assemblée nationale constituante pour instituer un État démocratique destiné à assurer

soit un pouvoir judiciaire indépendant, avec les moyens et l'autorité pour arbitrer les conflits entre l'exécutif et le législatif, et une cour constitutionnelle agissant en tant que gardienne et interprète ultime de la Constitution fédérale pouvant se prononcer en dernière instance sur la constitutionnalité des lois.

Ainsi, les rédacteurs de la Constitution de 1988 ont accordé une place de première importance au judiciaire, affirmant le principe selon lequel « la loi ne peut soustraire à l'appréciation du pouvoir judiciaire aucun préjudice ni aucune menace d'atteinte à un droit [1] ». Le citoyen qui a été lésé peut ainsi saisir le juge, et la décision prise par l'exécutif ou approuvée par le législatif (qui a provoqué le tort ou le dommage) peut être appréciée par le juge et, finalement, annulée.

De plus, les constituants ont renforcé les compétences du ministère public [2] et le rôle des avocats, en tant qu'instances indispensables à l'administration de la justice [3]. Récemment, le Tribunal fédéral suprême a estimé que l'article 129 de la Constitution de 1988 (qui précise les attributions du parquet) ne faisait pas obstacle au pouvoir d'enquête de cette institution fondamentale pour la démocratie [4], qui avait été mis en cause.

Par conséquent, dans le fonctionnement des freins et contrepoids [5] des institutions brésiliennes, la faiblesse du pouvoir législatif a permis à la valorisation du pouvoir judiciaire dans la période démocratique d'être plus effective. Bien entendu, la

---

l'exercice des droits sociaux et individuels, la liberté, la sûreté, le bien-être, le développement, l'égalité et la justice comme valeurs suprêmes d'une société fraternelle, pluraliste et sans préjugés, fondée sur l'harmonie sociale et engagée, dans l'ordre interne et international, dans la recherche du règlement pacifique des différends, promulguons, sous les auspices de Dieu, la présente Constitution de la République fédérative du Brésil. »

[1] Article 5, XXXV.

[2] Article 129.

[3] Article 133.

[4] STF, 2ª *Turma*, *Recurso Ordinario em Habeas Corpus* (RHC) 97926. Jugé le 3 septembre 2014.

[5] Sur le sujet, la bibliographie est vaste. Voir J. J. G. Canotilho, *Direito Constitucional e Teoria da Constituição*, Coimbra, Almedina, 5e éd., 1997 ; K. Loewenstein, *Teoría de la Constitución*, Barcelona, Ariel, 1983 ; A. Cândida da Cunha Ferraz, « Medidas Provisórias e Segurança Jurídica: a inconstitucionalidade do Art. 2° da Emenda Constitucional 32/2001 », *Doutrinas Essenciais de Direito Constitucional*, vol. 4, mai 2011, p. 423.

faiblesse du pouvoir législatif est relative ; cela ne veut pas dire que celui-ci ne joue aucun rôle important dans la jeune démocratie brésilienne. Si, d'un côté, les citoyens ont perdu la confiance dans les partis politiques et dans le Congrès national [1], d'un autre côté, la Chambre des députés et le Sénat continuent d'être les forums des débats politiques les plus importants dans le pays et dans presque tous les moments marquants de l'histoire récente comme l'*impeachment* du président Collor de Mello, ou l'enquête sur les cas de corruption de leurs propres membres, dans laquelle les commissions et les sessions plénières ont parfaitement rempli leur fonction et ont, par conséquent, assumé leur rôle institutionnel.

Pour revenir au pouvoir judiciaire, il est maintenant une institution capable d'influencer le jeu politique et même l'élaboration et la mise en œuvre des politiques publiques. D'une part, les acteurs politiques ont trouvé dans le pouvoir judiciaire un nouvel interlocuteur et une nouvelle sphère d'affrontements et de discussions politiques avec le Gouvernement et les bureaux de la Chambre et du Sénat ; d'autre part, les citoyens voient dans cette institution un instrument efficace pour garantir leurs droits, souvent méconnus par l'administration [2].

Parmi les questions envisagées par le Tribunal fédéral suprême, nous pouvons citer l'enregistrement des candidatures aux élections, les cas de népotisme et de corruption, la délimitation des terres des Indiens, l'interruption de grossesse dans le cas d'un fœtus anencéphale, l'interprétation de la loi sur la presse, l'union des personnes de même sexe, les quotas pour les

---

[1] Dans un sondage sur l'indice de confiance des brésiliens dans plusieurs institutions, dans une échelle de 0 à 100 points, le Congrès national apparaît à l'avant-dernier rang avec 29 points, le dernier rang est occupé par les politiciens avec 25 points. Pour plus d'informations voir http://www.ibope.com.br/pt-br/noticias/paginas/cai-a-confianca-dos-brasileiros-nas-instituicoes-.aspx. Dans une enquête de l'Association des magistrats brésiliens, les résultats sont semblables : les partis politiques et la Chambre des députes sont les institutions dans lesquelles le peuple a le moins confiance. Voir http://www.amb.com.br/portal/docs/pesquisa/barometro.pdf.

[2] M. T. Sadek, « Poder Judiciário: uma nova instituição », *Cadernos Adenauer*, Reforma do Estado brasileiro: perspectivas e desafios, Rio de Janeiro, Fundação Konrad Adenauer, XI, n° 1, março 2010, p. 30.

noirs dans les universités, le pouvoir d'enquête du ministère public, les autorisations des écoutes téléphoniques dans le cadre d'enquêtes policières, la loyauté d'un élu envers son parti politique, *etc.*.

Deux jurisprudences emblématiques du Tribunal fédéral suprême peuvent être évoquées : dans la première ont été jugés et condamnés pour corruption des hauts dignitaires du Parti des travailleurs, le principal parti de la majorité gouvernementale ; dans la seconde, le même tribunal a laissé passer l'opportunité de donner une autre interprétation à la loi d'amnistie, conformément à la Constitution de 1988. Ainsi, le Tribunal fédéral suprême a joué un rôle important devant l'histoire dans le processus de construction de la jeune démocratie brésilienne. Voyons donc ces deux cas.

L'action pénale 470

Il convient d'évoquer et de commenter très brièvement l'action pénale 470 qui a été jugée par le Tribunal fédéral suprême, sûrement l'un des procès les plus importants de l'histoire du Brésil, car d'anciens hauts dirigeants politiques, des hommes d'affaires, et même l'ancienne présidente d'une banque ont été condamnés pour corruption. Le Tribunal fédéral suprême a ainsi mis un terme à la tradition ancrée de longue date au Brésil qui voulait qu'un riche ne soit pas traduit devant les juges.

Sur la forme, il s'agit d'un procès impressionnant par son ampleur : le dossier représentait 234 volumes, avec 500 annexes (plus de 50 000 pages), auxquels sont venues s'ajouter les 8 405 pages [1] de l'arrêt du Tribunal fédéral suprême avec les votes des onze ministres et tous les recours interjetés par les trente-huit prévenus [2].

Le ministère public a déposé l'acte d'accusation auprès de la Cour suprême brésilienne en avril 2006, et le procès a commen-

[1] La sentence est disponible à l'adresse ftp://ftp.stf.jus.br/ap470/InteiroTeor_AP470.pdf ; voir également http://www1.folha.uol.com.br/poder/2012/06/1103724-veja-documentos-do-proces so-do-mensalao.shtml.

[2] C'est à dire *Embargos de Declaração* et *Embargos Infringentes* des trente-huit prévenus.

cé le 22 août 2007. Afin d'éviter les failles éventuelles, la procédure exige que le dossier soit réexaminé dans son intégralité avant même que le procès ne s'ouvre devant le Tribunal. Puis le rapporteur à la Cour suprême, le ministre Joaquim Barbosa, a dû entendre les trente-huit accusés et les 660 témoins dispersés dans l'ensemble du pays. Le ministre Barbosa a clos la phase de l'instruction en juin 2011.

Le procès devant le Tribunal, réuni en session plénière, a débuté le 2 août 2012. Les crimes dont les trente-huit prévenus étaient accusés étaient les suivants : association de malfaiteurs [1], corruption passive [2], corruption active [3], blanchiment d'argent [4], concussion [5], évasion fiscale [6] et gestion frauduleuse [7].

Après la conduite des enquêtes, des perquisitions, des examens techniques, de l'audition des prévenus, *etc.*, conformément à la Constitution et à la loi, il a été prouvé l'existence d'un plan criminel qui avait pour objectif l'achat des votes des parlementaires du Congrès national, moyennant le paiement de pots-de-vin.

Selon le Procureur général de la République, il s'agissait de

> la plus grave atteinte aux valeurs démocratiques que l'on puisse concevoir. La Constitution fédérale dispose que « Tout pouvoir émane du peuple, qui l'exerce par l'intermédiaire de représentants élus ou directement, dans les termes de la présente Constitution [8] ». Si la conscience du représentant du peuple est corrompue par l'argent, le fondement du régime démocratique se trouve menacé [9].

Selon le ministre José Celso de Mello, lorsque ceux qui exercent le pouvoir commettent des actes de corruption,

---

[1] Article 288 du Code pénal.
[2] Article 317 du Code pénal.
[3] Article 333 du code pénal.
[4] Article 1er, V, VI et VII de la loi n° 9.613/98.
[5] Article 312, *caput*, du code pénal.
[6] Article 22 de la loi n° 7.492/86.
[7] Article 4 de la loi n° 7.492/86.
[8] Article 1er, paragraphe unique.
[9] Roberto Monteiro Gurgel Santos, Ministério Público Federal, Alegaçoes Finais, Ação Penal 470, p. 4. 7 de julho de 2011.

ces comportements, parce que motivés par des raisons obscures, des fins inavouables ou des mobiles suspects, tout à fait incompatibles avec la chose publique, sont guidés et motivés par des exigences inférieures résultant d'un pragmatisme politique contestable et la bassesse profonde sur le plan éthique des moyens employés.

Bien que ces agissements soient moralement répréhensibles,

on essaie de les justifier par des allégations et une légitimité autoproclamée des fins poursuivies par les gouvernants. Ceux qui exercent le pouvoir en agissant de cette manière transgressent les exigences éthiques qui doivent guider et conditionner l'activité politique, qui seule a légitimité lorsque le principe de la moralité est respecté selon le mandat constitutionnel qui doit être observé par tous les pouvoirs de la République. C'est pour cela que la justice ne peut rester indifférente devant les graves fautes pénales et les transgressions éthiques condamnables commises par les autorités de la République dans l'exercice de la haute fonction de représentation politique du peuple brésilien [1].

Selon le Parquet,

tous les graves crimes imputés aux prévenus ont pour point de départ la victoire électorale du Parti des travailleurs en 2002 (lorsque Luiz Inácio Lula da Silva a été élu président de la République) avec pour objectif principal, en ce qui concerne le cœur principal formé par José Dirceu (ministre chargé du cabinet de la présidence de la République), Delúbio Soares, (trésorier du Parti des travailleurs) Silvio Pereira (secrétaire général du Parti des travailleurs) et José Genoíno (président du Parti des travailleurs), de garantir la continuité du projet de gouvernement du Parti des travailleurs (financement de ses propres campagnes électorales et remboursement de ses dettes) par l'achat du soutien d'autres partis politiques au Congrès national.

Dans ce contexte, le publicitaire Marcos Valério, dans un but uniquement financier, a contacté les principaux membres de

[1] Vote du ministre Celso de Mello, *Inteiro Teor do Acordão, Ação Penal* 470, Supremo Tribunal Federal, p. 2432-2433.

l'organisation criminelle pour offrir les services de son groupe [1] en échange d'avantages économiques, au sein du Gouvernement fédéral. Marcos Valério a confirmé qu'une agence de publicité ne parvenait à conclure des contrats publics que quand elle avait des liens avec la formation politique alors au pouvoir [2].

Dans ses déclarations à la police fédérale et au parquet, Marcos Valério a précisé :

> (...) les entreprises de publicité liées aux groupes politiques vainqueurs aux élections bénéficient d'avantages dans les contrats avec l'administration publique. Ainsi, il a été confirmé que cet entrepreneur dont les agences de publicité avaient déjà conclu des contrats avec la Banque du Brésil, le ministère du Travail et Eletronorte, a réussi, grâce à ses relations avec le Parti des travailleurs, à renouveler ses contrats, ce qui aurait été peu probable s'il s'était agi d'un publicitaire inconnu des politiciens, de l'élite gouvernementale ou du parti [3].

De même, il a été confirmé que l'organisation criminelle comportait un noyau financier au sein duquel de hauts dirigeants de la *Banco Rural* ont récolté de l'argent destiné à payer les dettes du Parti des travailleurs et à verser des pots-de-vin à certains parlementaires en échange de leur soutien aux projets gouvernementaux au Congrès national. Ce noyau était composé des plus hauts dirigeants de la *Banco Rural*, à savoir José Au-

---

[1] Ramon Hollerbach, Cristiano de Mello Paz, Rogério Tolentino, Simone Vasconcelos et Geiza dos Santos.

[2] « Le système d'entretien, de prorogation ou de succès dans des enchères par des sociétés de publicité liées aux hommes politiques vainqueurs des élections a été suffisamment clair dès le moment où Marcos Valério, qui tenait les principaux comptes dans le Gouvernement de Minas Gerais, a perdu les contrats quand Itamar Franco, du groupe politique divers, a été élu gouverneur, situation détaillée dans la déposition faite par le prévenu Marcos Valério au Procureur général de la République le 2 août 2005. Cette situation est tellement criante que le paiement des services assurés dans la période du précédent Gouvernement, émanant d'un groupe politique différent, n'a pas été effectué. » Vote du ministre Cezar Peluso, Tribunal fédérale suprême, Arrêt action pénale 470, Inteiro teor, p. 2179-2180.

[3] Vote du ministre Cezar Peluso, Tribunal fédéral suprême, Arrêt action pénale 470, p. 2181-2182.

gusto Dumont (décédé), José Roberto Salgado, Ayanna Tenório, Vinícius Samarane et Kátia Rabello. Tous étaient responsables des secteurs juridique, commercial, comptable, opérationnel et technologique de l'institution financière, ainsi que du Comité de prévention du blanchiment de l'argent de la banque.

En plus d'injecter des ressources pour permettre la commission de leurs crimes par l'octroi et le renouvellement de prêts fictifs, ces hauts dirigeants de la *Banco Rural* ont conçu et mis en œuvre un procédé de distribution de fonds, sans identification des vrais bénéficiaires. Ils ont ainsi enfreint les règles de la Banque centrale du Brésil et du Conseil de contrôle des activités financières (COAF).

Le jugement final a été publié en 19 avril 2013 au *Diario da Justica Eletronico* [1], et le jugement du dernier recours des accusés (*embargos infringentes*) a été rendu en mars 2014. Parmi les trente-huit prévenus, vingt-quatre ont été condamnés [2].

Du fait de l'évolution de sa composition en raison du départ en retraite de certains ministres (Cezar Peluso et Ayres Britto) et de la nomination de nouveaux membres (les ministres Teori Zavascki et Roberto Barroso), l'appréciation du crime de « *quadrilha* » (association de malfaiteurs) [3] par la Cour a chan-

---

[1] http://www.stf.jus.br/portal/jurisprudencia/listarJurisprudencia.asp?s1=%28470%2ENUME%2E+OU+470%2EACMS%2E%29%28PLENO%2ESESS%2E%29&pagina=6&base=baseAcordaos&url=http://tinyurl.com/omnceqy.

[2] Du point de vue politique, les plus importants sont José Dirceu (peine de prison de sept ans et onze mois), Delúbio Soares (peine de prison de six ans ans et huit mois), José Geníno (peine de prison de quatre ans et huit mois), Marcos Valério (peine de prison de trente-sept ans, cinq mois et six jours), Ramon Hollerbach (peine de prison vingt-sept ans, quatre mois et vingt jours), Cristiano Paz (peine de prison de vingt-trois ans, huit mois et vingt jours), Kátia Rabello (peine de prison de quatorze ans et cinq mois), José Roberto Salgado (peine de prison de quatorze ans et cinq mois), João Paulo Cunha (peine de prison de six ans et quatre mois) et Breno Frischberg (peine de prison de trois ans et six mois).

[3] Par six votes contre cinq, l'assemblée plénière a décidé que ce crime n'était pas établi, à tort à notre avis, parce que personne n'avait commis ces crimes individuellement, alors qu'il a fallu évidemment une organisation et une coordination d'efforts des accusés pour parvenir à les commettre. Ainsi, les personnes qui ont été condamnées ont été finalement acquittées et donc cela a eu des conséquences sur les peines de prison appliquées.

gé. Ainsi, du point de vue institutionnel, cela a provoqué une prise de conscience du fait que les hauts dirigeants politiques et les hommes d'affaires (jusqu'alors convaincus de leur impunité) doivent aussi répondre du crime de corruption.

La diligence et la sagesse du Tribunal fédéral suprême dans ce cas, tant dans le développement de la procédure que dans l'application des peines, sont maintenant un paradigme pour le pouvoir judiciaire brésilien ainsi que pour toute la société, et les comportements constituant des actes de corruption, problème endémique au Brésil, doivent être jugés avec toute la sévérité nécessaire, comme le prévoit la Constitution fédérale [1] elle-même.

Depuis vingt ans, tous les Gouvernements parlent d'une réforme électorale qui veut éloigner les entreprises du financement des campagnes électorales. Réussira-t-on à mettre sur pied une nouvelle législation en la matière ? Quoi qu'il en soit, l'interprétation et l'application de cette loi passeront par le pouvoir judiciaire.

L'interprétation de la loi d'amnistie

Le fondement des actions du régime militaire au Brésil, comme d'ailleurs des autres régimes militaires en Amérique latine, a été la doctrine de la sécurité nationale, une doctrine de guerre qui a identifié comme « ennemis internes » les partis, les syndicats et les mouvements sociaux qui prônaient des changements politiques qui s'inspiraient des écrits de Karl Marx et des expériences révolutionnaires de la Russie, de la Chine et de Cuba.

Sur le plan juridique, le Gouvernement militaire a pris plusieurs décrets-lois (n° 314 de 1967, n° 510 et 898 de 1969) et

---

[1] Article 37 de la Constitution : « L'administration publique de chacun des pouvoirs de l'Union, des États, du District fédéral et des communes, tant directe qu'indirecte ou sous le régime de la fondation, obéit aux principes de légalité, de neutralité, de moralité, de publicité. »
Article 37, § 4 : « Les actes de malhonnêteté administrative entraînent la suspension des droits politiques, la radiation des cadres de la fonction publique, l'indisponibilité des biens et le dédommagement du patrimoine public, dans les formes et selon les procédures établies par la loi, sans préjudice de l'action pénale possible. »

plusieurs décisions institutionnelles sur le fondement de la doctrine de la sécurité nationale. Ces normes ont fonctionné comme un prétendu cadre légal pour donner une couverture juridique à l'escalade répressive. Ce processus a atteint son apogée avec la promulgation de l'Acte institutionnel n° 5 de décembre 1968 [1].

Durant la période dictatoriale, le Congrès national a été suspendu, la censure de la presse a été instaurée, les droits et garanties fondamentaux, y compris *l'habeas corpus*, les droits politiques, la liberté d'expression et la liberté de réunion ont été suspendus. De plus, les compétences du Conseil de sécurité national ont été étendues. Ont ainsi été prononcées des peines de prison à perpétuité et des peines de mort [2] sur le fondement de la Loi sur la sécurité nationale (n° 898 du 29 septembre de 1969). Selon la Commission spéciale sur les morts et les disparus, environ 50 000 personnes auraient été détenues rien que durant les premiers mois de la dictature et, durant la même période, environ 10 000 citoyens auraient été conduits à s'exiler. Dans sa recherche portant sur des données relatives aux 707 procès politiques menés par la justice militaire entre 1964 et 1979, le projet *Brasil Nunca Mais* (Brésil jamais plus) a compté 7 367 accusés par le juge judiciaire et 10 034 ayant fait l'objet d'une enquête. Il y eut 130 prisonniers bannis du pays, 4 862 privés de leur mandat et de leurs droits politiques, 6 592 militaires sanctionnés, et au moins 245 étudiants expulsés de l'université [3]. Selon la Cour interaméricaine, environ 20 000 personnes arrêtées ont été soumises à des tortures, 354 sont mortes ou sont disparues et des centaines de paysans ont été assassinées (Cour, 2010).

Le 28 août 1979, le Congrès national approuva la loi n° 6.683/79 qui accorda l'amnistie en ces termes :

---

[1] Commission spéciale sur les morts et les personnes disparues pour raisons politiques, *Droit à la Mémoire et à la Vérité*, Brasilia, Secrétariat spécial aux droits de l'homme, de la présidence de la République, 2000, p. 26.

[2] Il y a eu quatre condamnations à mort qui ont été commuées en peines de prison.

[3] Secretaria Especial dos Direitos Humanos, Comissão Especial Sobre Mortos e Desaparecidos Políticos, *Direito à memória e à verdade: Comissão Especial Sobre Mortos e Desaparecidos Políticos*, Brasília, Secretaria Especial dos Direitos Humanos da Presidência da República, 2007, p. 30.

> Art. 1er : l'amnistie est accordée à tous ceux qui, durant la période comprise entre le 2 septembre 1961 et le 15 août 1979, ont commis des crimes politiques ou connexes, des crimes électoraux, à ceux qui ont vu leurs droits politiques suspendus, et aux employés directs et indirects de l'administration et de services liés aux pouvoirs publics, aux employés des pouvoirs législatif et judiciaire, aux militaires et aux directeurs et représentants syndicaux, punis sur le fondement des Actes institutionnels et complémentaires.
> 1 : Sont considérés comme connexes, selon cet article, les crimes de toute nature ayant un rapport avec les crimes politiques ou commis pour motifs politiques.

Bien que considérée comme restrictive par des secteurs de l'opinion publique parce qu'elle a exclu de nombreux prisonniers politiques de l'époque, la loi d'amnistie a eu un rôle positif dans la création du climat d'ouverture qui s'est développé dans le pays au cours des années quatre-vingts. En effet, elle à permis à des milliers de Brésiliens de revenir au pays.

Cependant, plus de trente ans après la fin de la période concernée, de nombreux responsables – sur un plan pratique ou intellectuelrfr – des disparitions forcées et des exécutions n'ont pas été inquiétés, bien que la loi n° 9.140/95 ait reconnu comme décédées les personnes qui ont disparu durant la période comprise entre le 2 septembre 1961 et le 15 août 1979. L'État n'a pas examiné ni puni ces graves violations des droits de l'homme en raison de l'application de la loi d'amnistie à tous ces cas.

L'Ordre des avocats du Brésil (OAB) a intenté une action, l'*Arguição de Descumprimento de Preceito Fundamental - ADPF n° 153*[1] [Action en inexécution n° 153] par laquelle il a demandé à la Cour constitutionnelle brésilienne d'interpréter la

[1] L'action dénommée *Arguição de Descumprimento de Preceito Fundamental* est une modalité d'action constitutionnelle créée par la Constitution de 1988, amendée par une réforme constitutionnelle de 1993 et réglementée par la loi n° 9.882 du 3 décembre 1999. Selon l'article 1er de cette loi, cette action « est proposée devant le Tribunal fédéral suprême du Brésil et a pour objet d'empêcher ou de réparer une violation d'une disposition fondamentale qui résulte d'un acte des pouvoirs publics ».

loi d'amnistie conformément à la Charte de 1988, de façon à déclarer que l'amnistie accordée par cette loi aux crimes politiques ou connexes ne s'appliquait pas aux crimes de droit commun, c'est-à-dire aux tortures, aux homicides, aux disparitions forcées, aux abus d'autorité, aux coups et blessures volontaires, aux viols et aux agressions sexuelles, perpétrés par les agents de répression contre les opposants politiques pendant le régime militaire.

Le 29 avril 2010, le Tribunal fédéral suprême a déclaré la requête irrecevable par sept voix contre deux, estimant que « la loi d'amnistie représentait, à ce moment-là, une étape nécessaire dans le processus de réconciliation et de redémocratisation du pays » et qu'« il ne s'agissait pas d'une autoamnistie », légitimant ainsi la loi d'amnistie.

Le ministre Éros Grau, qui a été le rédacteur de la proposition de vote, a retenu comme fondement de l'arrêt le contexte historique dans lequel la loi a été votée. Il a cité en ce sens le ministre Orosimbo Nonato (*Habeas Corpus* n° 29.151, de 1945) : « Il revient à l'interprète, dans l'application de la loi, de vérifier la finalité, le *mens legis*, en faisant attention au moment historique où celle-ci a été votée, et au but qu'elle vise, sans trop se laisser entraver par la lettre. » Il se replace donc dans les années soixante-dix, qui expliquent l'accord politique qui a permis l'approbation de la loi d'amnistie :

> Tous ceux qui connaissent notre histoire savent que cet accord politique a abouti au texte de la loi n° 6.683/79 [...] L'infléchissement du régime a été ressenti avec le choc pétrolier de 1974, mais le combat formidable pour l'amnistie est l'expression de la page la plus vibrante de la résistance et de l'activité démocratique de notre Histoire[1].

Ainsi, pour lui, la loi d'amnistie fut favorable aux deux côtés, d'une part, aux gens qui ont commis des crimes politiques, d'autre part, aux agents de l'État qui ont commis des crimes liés, c'est-à-dire les crimes de toute nature liés à des crimes

---

[1] Vote du ministre Eros Grau dans l'Action en inexécution n° 153, paragraphe 21.

politiques ou commis pour des mobiles politiques. Suivant cette ligne de pensée, le ministre souligne :

> C'est sur la réalité sociale de la transition de la dictature à la démocratie politique de la transition réconciliée de 1979 que nous devons réfléchir pour que nous puissions discerner la signification de l'expression "crimes connexes" dans la loi n° 6.683/79. C'est sur l'amnistie d'alors que nous devons réfléchir, non sur l'amnistie telle que certains d'entre nous la conçoivent aujourd'hui, mais celle qui fut obtenue à ce moment-là [1].

Décevant les espérances des signataires de la pétition initiale, le ministre Eros Grau justifia son vote en affirmant que « le pouvoir judiciaire n'est pas autorisé à altérer le texte normatif, à lui donner une rédaction différente de celle gée [2] ».

Dans l'Action en inexécution, l'Ordre des avocats n'a pas demandé au Tribunal fédéral suprême de s'arroger des prérogatives législatives, bien qu'il l'ait fait en d'autres occasions [3]. Il a juste demandé que, conformément aux principes du système démocratique en vigueur, la Cour suprême du Brésil interprète la loi n° 6.683/79 dans le sens d'une non-extension de l'amnistie aux crimes de droit commun commis par les agents de la répression pendant la dictature militaire. Paradoxalement, la majorité du Tribunal, prisonnière du passé, n'a pas jugé bon de franchir cette étape salutaire et conforme aux temps nouveaux.

Plus préoccupé par les questions de gouvernabilité, de stabilité, d'ordre, de sécurité ou de valeurs semblables, le Tribunal fédéral suprême a renoncé à la justice. Du point de vue axiologique, les conséquences de l'application du paragraphe 1° de l'article de la loi d'amnistie ne se combinent pas avec les va-

---

[1] *Idem*, paragraphe 39.

[2] *Idem*, paragraphe 44.

[3] Par exemple, dans l'action directe d'inconstitutionnalité par omission qui a soulevé la question de l'union de personnes du même sexe, le Tribunal fédéral suprême a légitimé un type d'union non prévu dans la Constitution brésilienne.

leurs de l'État démocratique de droit en vigueur au Brésil, à cinq points de vue.

Premièrement, elle couvre des crimes de droit commun qui devraient, à l'évidence, être punis.

Deuxièmement, la Constitution de 1988 a déclaré que personne ne serait soumis à la torture ou à un traitement inhumain ou dégradant [1].

Troisièmement, la Constitution de 1988 considère la pratique de la torture comme un crime inacceptable et insusceptible de grâce ou d'amnistie pour les autorités, les exécutants ou ceux qui se sont abstenus d'agir alors qu'ils auraient pu l'empêcher [2].

Quatrièmement, l'impunité des crimes de droit commun viole l'un des fondements de l'État démocratique qui est la dignité de la personne humaine [3], signalant à la société que les droits de l'homme peuvent être violés par les agents de l'État sans aucune conséquence pour les transgresseurs ni dans le domaine civil, ni dans la sphère administrative, et encore moins dans le cadre criminel ; de plus, elle viole le droit fondamental des parents et des familles des personnes disparues à l'information (la vérité sur les faits) et à la mémoire (savoir où se trouvent les dépouilles afin de pouvoir les récupérer et leur donner une sépulture décente conforme à leurs croyances).

Cinquièmement, la validité de l'article 1er § 1er de la loi d'amnistie est incompatible avec les engagements pris par l'État

---

[1] Article 5, III : « Nul ne peut être soumis à la torture ou à un traitement inhumain ou dégradant. »

[2] Article 5, XLIII : « La loi considère comme des crimes excluant la libération sous caution la grâce ou l'amnistie la pratique de la torture, le trafic de stupéfiants et de drogues similaires, le terrorisme et les actes définis comme crimes odieux ; en répondent ceux qui les ont ordonnés ou commis et quiconque s'est abstenu alors qu'il aurait pu les empêcher. »

[3] Article 1, III : « Article premier. La République fédérative du Brésil, formée de l'union indissoluble des États, des communes et du district fédéral, constitue un État démocratique de droit et a pour fondements :[…] III - la dignité de la personne humaine. »

brésilien dans des traités internationaux comme la Convention américaine des droits de l'homme [1].

Nous pouvons ainsi conclure que le Tribunal fédéral suprême a perdu une occasion historique de rendre possibles le jugement et l'éventuelle condamnation des agents de l'État protégés par la loi d'amnistie. Par conséquent, toutes les personnes qui ont commis des crimes de droit commun liés à des crimes politiques demeurent impunies. En résumé, le Tribunal fédéral suprême n'a agi, ni dans le sens de la démocratie, ni dans celui de la justice.

Par la suite, dans sa sentence du 24 novembre 2010, la Cour interaméricaine des droits de l'homme, dans l'affaire *Gomes Lund*, s'est prononcée sur des questions très importantes en ce qui concerne la loi d'amnistie n° 6.683/79.

Tout d'abord, le tribunal a établi qu'à cause de cette loi, l'État brésilien n'a pas mené une enquête effective sur les responsables des violations des droits de l'homme commises durant la dictature militaire. Il n'y a eu ni inculpation, ni sanction pénale, parce que l'interprétation de la loi d'amnistie absout toutes les violations des droits de la personne commises par les agents de l'État durant cette période [2].

Ensuite, il a constaté que l'obligation d'enquêter sur les graves violations des droits de l'homme et de les sanctionner a été rappelées par tous les organes des systèmes internationaux de protection des droits de l'homme.

En outre, il a considéré, dans sa jurisprudence réitérée, que l'enquête pénale et la procédure en découlant constituaient des mesures correctives nécessaires en ce qui concerne les violations des droits de la personne [3]. En particulier, dans les cas de dispari-

---

[1] J. Barrientos-Parra, « La loi d'amnistie brésilienne », *in* A. Martin (dir.), *Le glaive et la balance. Droits de l'homme, justice constitutionnelle et démocratie en Amérique latine*, Paris, L'Harmattan, 2012, p. 201-202.

[2] Tribunal fédéral suprême, 2010, p. 56.

[3] Comité des droits de l'homme, *affaire Sathasivam c. Sri Lanka*, communication n° 2436/2005, rapport d'expertise du 8 juillet 2008, § 6.4 ; Comité des droits de l'homme, *affaire Amirov c. Fédération de Russie*, communication n° 1447/2006, rapport d'expertise du 12 avril 2009 ; *Affaire Felipe et Evelyn Pestaño c. Philippines*, communication n° 1619/2007, rapport d'expertise du 23 mars 2010, par. 7.2.

tions forcées, le Comité a conclu que les États devaient établir la vérité sur le sort des victimes disparues et traduire en justice les responsables de ces violations [1].

Dans plusieurs paragraphes de la sentence (147-182), le tribunal a abordé la question de l'incompatibilité des amnisties avec le droit international en cas de graves violations des droits de l'homme, et il a souligné l'incompatibilité manifeste de la loi d'amnistie brésilienne avec la Convention américaine des droits de l'homme.

En fonction de tout cela, la Cour a réitéré sa jurisprudence en affirmant :

> Ne sont pas admissibles les dispositions de l'amnistie, les dispositions en matière de prescription et l'application de clauses excluant toute responsabilité et visant à empêcher d'enquêter et de sanctionner les auteurs de graves violations des droits de l'homme comme la torture, les exécutions sommaires, illégales ou arbitraires, ainsi que les disparitions forcées, toutes prohibées, car elles contreviennent aux droits reconnus par le droit international relatif aux droits de l'homme et auxquels il ne peut être dérogé [2].

Ainsi, la Cour interaméricaine a jugé que la manière dont la loi d'amnistie adoptée par le Brésil a été interprétée et appliquée a porté atteinte au devoir international incombant à l'État d'enquêter et de sanctionner les graves violations des droits de l'homme, car elle a empêché les proches des victimes d'être entendus par un magistrat, conformément aux dispositions de l'article 8.1 de la Convention américaine [3], et elle a ainsi violé le droit à la protection

---

[1] Comité des droits de l'homme, *affaire Bleier c. Uruguay*, communication n° 37/1978, rapport d'expertise du 29 mars 1982, § 15 ; *affaire Dermit c. Uruguay*, communication n° 84/1981, rapport d'expertise du 21 octobre 1982, § 11.a ; Comité des droits de l'homme, *affaire Quinteros c. Uruguay*, communication n° 107/1981, rapport d'expertise du 25 mars 1983, § 15 et 16.

[2] Affaire *Barrios Altos* c. *Pérou*, fond, arrêt du 14 mars 2001, série C n° 75, § 41.

[3] « Toute personne a droit à ce que sa cause soit entendue avec les garanties voulues, dans un délai raisonnable, par un juge ou un tribunal compétent, indépendant et impartial, établi antérieurement par la loi, qui décidera du bien-fondé de toute accusation dirigée contre elle en matière pénale, ou déterminera ses droits et obligations en matière civile ainsi qu'en matière de travail, de fiscalité, ou dans tout autre domaine. »

judiciaire consacré à l'article 25 [1] de ce même instrument vu précisément l'absence d'enquête, de poursuite, d'arrestation, de jugement et de sanction des auteurs des faits, n'appliquant pas l'article 1.1 de la Convention [2] [3].

De surcroît, la Cour interaméricaine a jugé que l'État brésilien avait failli à son obligation d'adapter son droit interne consacré à l'article 2 [4] de la Convention [5].

En outre, la Cour a déclaré que les dispositions de la loi d'amnistie brésilienne qui empêchent d'enquêter et de sanctionner de graves violations des droits de l'homme sont dépourvues d'effet juridique. Par conséquent, elles ne peuvent désormais plus faire obstacle à l'enquête sur les faits de la présente affaire, ni à l'identification et à la punition des responsables [6].

En résumé, selon la Cour interaméricaine des droits de l'homme, les dispositions de la loi d'amnistie brésilienne qui empêchent l'enquête et la sanction de graves violations des droits de l'homme sont incompatibles avec la Convention américaine relative aux droits de l'homme, privées d'effets juridiques et ne peuvent représenter un obstacle pour l'enquête sur ces faits.

---

[1] « Toute personne a droit à un recours simple et rapide, ou à tout autre recours effectif devant les juges et tribunaux compétents, destiné à la protéger contre tous actes violant ses droits fondamentaux reconnus par la Constitution, par la loi ou par la présente convention, alors même que ces violations auraient été commises par des personnes agissant dans l'exercice de fonctions officielles. »

[2] « Les États parties s'engagent à respecter les droits et libertés reconnus dans la présente Convention et à en garantir le libre et plein exercice à toute personne relevant de leur compétence, sans aucune distinction fondée sur la race, la couleur, le sexe, la langue, la religion, les opinions politiques ou autres, l'origine nationale ou sociale, la situation économique, la naissance ou toute autre condition sociale. »

[3] Cour interaméricaine des droits de l'homme, 2010, p. 72.

[4] « Si l'exercice des droits et libertés visés à l'article 1er n'est pas déjà garanti par des dispositions législatives ou autres, les États parties s'engagent à adopter, conformément à leurs normes constitutionnelles et aux dispositions de la présente convention, les mesures législatives ou autres nécessaires pour donner tout leur effet auxdits droits et libertés. »

[5] Cour interaméricaine des droits de l'homme, 2010, p. 72.

[6] *Idem.*

*

* *

Le présidentialisme dit de coalition est un mode de gouvernement bien adapté aux caractères du peuple brésilien. Ainsi, la Constitution de 1988 tient compte de l'expérience et des leçons de l'ensemble de l'histoire constitutionnelle du Brésil en instaurant un État démocratique de droit avec un fédéralisme reposant sur la triple structure Union, États et communes, et un présidentialisme renforcé, car c'est le pouvoir exécutif, et donc son chef, le président de la République, qui détient le plus grand nombre de compétences exclusives, y compris les plus importantes.

Ainsi, en ce qui concerne la production législative du point de vue qualitatif et quantitatif, il y a une large primauté du pouvoir exécutif ; en d'autres termes, le pouvoir législatif est faible, l'action des membres du Congrès national se limitant à des questions secondaires sans conséquence sur la surveillance et le contrôle effectif du pouvoir exécutif. En tout cas, le Congrès national continue d'être le forum des grands débats nationaux et, lorsqu'il a été convié à y participer, il a pleinement rempli son rôle institutionnel. Bien entendu, la faiblesse du pouvoir législatif n'est pas bonne pour la démocratie. Ainsi se pose la question de la revalorisation du travail parlementaire. Il nous semble que celle-ci exige, d'une part, la mise en valeur du contrôle et de la surveillance de l'action gouvernementale, d'autre part, la restauration de la confiance du peuple dans l'institution.

Finalement, le pouvoir judiciaire joue un rôle très important dans la démocratie brésilienne ; il est maintenant une institution capable d'influencer le jeu politique et même l'élaboration et la mise en œuvre des politiques publiques. Nous avons montré comment l'arrêt dans l'action pénale 470 est devenu un paradigme pour l'ensemble des tribunaux ainsi que pour la société elle-même, bien que, parfois, les jugements n'aillent pas tout à fait dans le sens de la démocratie, c'est-à-dire en respectant la lettre et l'esprit de la Constitution de 1988, comme ce fut le cas pour l'interprétation de la loi d'amnistie.

Références bibliographiques

ABRANCHES S., « Presidencialismo de coalizão: o dilema institucional brasileiro », *Dados - Revista de Ciências Sociais*, Rio de Janeiro, vol. 31, n. 1, 1988, p. 5-34.

BARRIENTOS-PARRA J., « La démocratie brésilienne et la Constitution de 1988 », *Agir* n° 47, L'Aube du Brésil, Série Les grands émergents, septembre 2011, p. 7-17.

BARRIENTOS-PARRA J., « La loi d'amnistie brésilienne », *in* A. MARTIN (dir.), *Le glaive et la balance. Droits de l'homme, justice constitutionnelle et démocratie en Amérique latine*, Paris, L'Harmattan, 2012, p. 191-217.

Brasil, Secretaria Especial dos Direitos Humanos, Comissão Especial Sobre Mortos e Desaparecidos Políticos, *Direito à Memória e à Verdade: Comissão Especial Sobre Mortos e Desaparecidos Políticos*, Brasília, Secretaria Especial dos Direitos Humanos da Presidência da República, 2007.

BROSSARD P. O., *O "Impeachment"*, São Paulo, Saraiva, 1992.

Corte Interamericana de Derechos Humanos, *Caso Gomes Lund e outros ("Guerrilha do Araguaia") vs Brasil*, sentença de 24 de novembro de 2010, San Jose, Corte IDH, 2010, http://www.corteidh.or.cr/index.php/mapa-interactivo.

DUVERGER M., *Droit constitutionnel et institutions politiques*, vol. I, Paris, PUF, 1959.

ELLUL J., *La Technique ou l'enjeu du siècle*, Paris, A. Colin, 1954.

ELLUL J., *Propagandes*, Paris, Economica, 1990.

FERREIRA FILHO M. G., *Curso de Direito Constitucional*, São Paulo, Saraiva, 2006.

LIMONGI F., « Presidencialismo, coalizão partidária e processo decisório, Novos Estudos », *Cebrap*, n° 76, novembre 2006, p. 17-41.

MOISÉS, J. A., « Desempenho do Congresso Nacional no presidencialismo de coalizão (1995-2006) », *Cadernos Adenauer* XII (2011), n° 2.

MOISÉS, J. A., « O Congresso e o presidencialismo de coalizão », Rio de Janeiro, Fundacao Konrad Adenauer, 2011, p. 15-32.

SADEK M. T., « Poder Judiciário: uma nova instituição », *Cadernos Adenauer*, Reforma do Estado brasileiro: perspectivas e desafios, Rio de Janeiro, Fundação Konrad Adenauer, XI, n° 1, março 2010, p. 27-43.

LA PARTICIPATION POPULAIRE À L'ÉLABORATION DE LA CONSTITUTION BRÉSILIENNE DE 1988 : UNE LECTURE RÉTROSPECTIVE ET PROSPECTIVE

Jorge BARRIENTOS-PARRA

> « La démocratie est le gouvernement du peuple, par le peuple et pour le peuple. »
> Abraham Lincoln

> « Mes sœurs et mes frères constituants, quand nous partîmes pour la traversée, le 1er février 1987, l'espoir était sur le quai, avec dans les yeux et les cœurs les revendications des 65 millions de Brésiliens qui nous envoyaient à Brasília. Aujourd'hui, c'est l'agitation de l'arrivée, avec l'ancre de la Constitution plantée dans la terre de la démocratie. »
> Ulysses Guimarães, discours prononcé à l'aube du 2 septembre 1988, après l'annonce du résultat de l'avant-dernier vote de l'assemblée plénière, le 1020e vote, qui a clos le second tour.

Presque trois décennies après la promulgation de la Constitution de 1988, et alors que nous avons récemment connu une procédure d'*impeachment* contre Dilma Rousseff, qui fut président de la République jusqu'au 31 août 2016, il nous semble important et utile de rappeler quelle fut la procédure d'élaboration de l'actuelle Constitution brésilienne, afin de proposer une appréciation critique du texte qui permet la résolution des problèmes politiques et économiques conjoncturels dans un cadre constitutionnel et légal.

Il n'est pas possible, dans le cadre de cet article, de disserter sur les aspects divers et complexes de l'élaboration de la Constitution de 1988. Aussi nous limiterons-nous à souligner la richesse de la participation populaire et l'avancée qu'a représentée l'introduction de plusieurs mécanismes de démocratie directe dans l'histoire démocratique brésilienne récente. On a ainsi trouvé, dans le perfectionnement de ces instruments, c'est-à-dire dans la force qui vient du peuple brésilien, l'impulsion nécessaire pour élever la démocratie à des niveaux supérieurs.

Dans la présente contribution, nous allons évoquer certains aspects de la procédure d'élaboration de la Constitution de 1988, en particulier la participation populaire et les formes de démocratie directe établies par ladite Constitution, et proposer une vision prospective de la démocratie et des instruments participatifs. Cela nous conduira à évoquer également plusieurs discours d'Afonso Arinos, de Lysâneas Maciel et d'Ulysses Guimarães au sujet de la participation populaire.

L'Assemblée nationale constituante : sa convocation et son installation

La convocation de l'Assemblée constituante et le processus d'élaboration de la Constitution de 1988, représentative et participative, avec l'élection d'Ulysses Guimarães à la présidence de celle-ci, ont suscité beaucoup d'espérance dans toute la société brésilienne qui y voyait la marque d'un dépassement du régime autoritaire brésilien instauré par le coup d'État de 1964. L'Assemblée nationale constituante a focalisé l'attention du pays tout entier en rassemblant la plupart des courants de pensée nationale sur les grands thèmes importants pour la société. Après les longues années de dictature et la répression était arrivé le moment historique du changement. Dans leurs *desiderata*, les partis politiques d'opposition à la dictature militaire, les syndicats, les étudiants, les femmes, les Noirs, les Indiens, les mouvements populaires, et finalement la société civile organisée, ont accueilli ce moment historique avec une grande soif de participation.

José Duarte avait évoqué la Constitution de 1946 en des termes qui conviennent parfaitement à la Constitution de 1988 :

> La Constitution, qui modèle politiquement la nation, et qui crée et ordonne des institutions capables de garantir le bonheur général et de défendre la paix, la dignité, l'intégrité du pays, n'est pas seulement le travail de la culture des hommes. Elle vient du plus profond de la conscience populaire, elle est née des coutumes, elle est inspirée par les idées autonomistes de la nation, elle apparaît avec l'indépendance même. Elle a, par-dessus tout, une fonction éthico-sociale et elle ne pouvait être élaborée en dehors de la vie et des exigences humaines [1].

Il y avait une immense demande insatisfaite de reconnaissance de droits individuels, sociaux, politiques et économiques. Bien que l'Assemblée fût composée en grande majorité de parlementaires conservateurs, on espérait une Constitution progressiste qui satisfasse les demandes de la population, en particulier des milieux les plus défavorisés.

L'Assemblée nationale constituante a été convoquée en application de l'amendement constitutionnel n° 26 du 27 novembre 1985. Ce dernier a été promulgué par les bureaux de la Chambre des députés et du Sénat fédéral qui ont révisé l'article 49 de la Constitution fédérale de 1969, lequel fut rédigé en ces termes : « Article 1er : Les membres de la Chambre des députés et du Sénat se réuniront en Assemblée nationale constituante, libre et souveraine, le 1er février 1987, au siège du Congrès national. »

On peut remarquer que l'on avait seulement convoqué un Congrès constituant, et non une authentique Assemblée nationale constituante. Autrement dit, les 559 parlementaires élus à la Chambre des députés et au Sénat fédéral le 15 novembre 1986 – 487 députés fédéraux et 49 sénateurs, en plus de 23 des 25 sénateurs élus en 1982 –, provenant de divers

---

[1] José A. Duarte, *Constituição Brasileira de 1946, Exegese dos textos à luz dos trabalhos da Assembleia Constituinte*, vol. 1, Rio de Janeiro, Imprensa Nacional, 1947, p. 37.

groupes de pression et d'horizons idéologiques et partisans divers, se sont vus investis des pouvoirs constituants originaires [1].

Le Sénat fédéral étant renouvelé tous les quatre ans – alternativement un tiers et deux tiers pour un mandat de huit ans –, deux tiers ont été élus en 1986, l'autre tiers ayant été élu en 1982.

Une fois l'Assemblée nationale constituante installée par le président de Cour suprême fédérale, José Carlos Moreira Alves, le 1er février 1987, le long discours prononcé par ce dernier déplut à la plupart des parlementaires présents à la séance solennelle, en raison de l'absence de références explicites à la participation populaire au processus qui a conduit à la fin du régime militaire et qui a débouché sur l'Assemblée constituante. Le texte du *Rapport JB* précité a mentionné les critiques faites au discours par l'ex-sénateur, alors vice-gouverneur de São Paulo, Almino Afonso, qui trouvaient excessive l'allusion faite à la Constitution de 1967 « accordée par la dictature », et regrettaient vivement l'omission du nom de Tancredo Neves, dont la citation était considérée comme « obligatoire » dans des déclarations politiques relatives à la construction de la nouvelle République [2].

> José Carlos Moreira Alves termina ainsi son discours :
> Messieurs les constituants, dans l'élaboration d'une Constitution, les sujets sont multiples et les difficultés diverses. Les résoudre avec prudence et sagesse est le grand défi qui se pose à celle-ci comme à toute assemblée constituante. Les yeux conscients de la Nation se tournent vers vous. La mission qui vous attend est d'autant plus difficile qu'il est certain qu'elle exaltera peu les vertus, parce qu'elles sont attendues, mais que les inévitables erreurs seront stigmatisées. Que Dieu vous inspire [3].

---

[1] José Afonso da Silva, *Comentário Contextual à Constituição*, São Paulo, Malheiros Editores, 2014, p. 25.
[2] Voir « Informe JB », *Jornal do Brasil*, 2 février 1987, p. 6.
[3] *Revista de Informação Legislativa*, Brasília, Senado Federal, n° 93, janvier-mars1987, p. 14.

Lors de la deuxième session, le député Ulisses Guimarães a été élu président avec 425 voix, contre 69 voix pour la candidate adverse Lysâneas Maciel. Ulysse Guimarães incarnait le citoyen et l'homme politique qui n'a pas plié devant la dictature militaire, et c'est la raison pour laquelle un grand nombre de députés lui ont accordé leurs suffrages pour présider l'Assemblée. C'était sans aucun doute l'homme politique vedette de l'Assemblée constituante. Après avoir conduit les débats contre la dictature, il a su diriger avec sagesse et enthousiasme les travaux de l'Assemblée, et il s'est distingué par ses qualités d'organisateur et de négociateur. Il a su également conférer une importance historique à l'Assemblée nationale constituante et transmettre l'émotion de ce moment historique en unissant la raison et le cœur dans les discours prononcés à l'occasion de l'ouverture des travaux de l'Assemblée et de la session solennelle de clôture, dans lesquels il est parvenu à se faire le porte-parole des espoirs du peuple brésilien dans la construction d'une société plus juste et plus démocratique.

En ouvrant les travaux, Ulisses Guimarães a insufflé aux députés constituants la clameur des rues dans le sens du changement inspiré des grands principes et valeurs chrétiens :

> Messieurs les constituants, cette assemblée est réunie sur la base d'un mandat impératif : celui de promouvoir le grand changement exigé par notre peuple. Dans cette chambre résonnent les revendications des rues. La nation veut changer, la nation doit changer, la nation changera. [...] Les temps du despotisme, avec toute la rage des tyrans, sont finis. Prévaut la recherche incessante de l'humanité d'accomplir le royaume de Dieu parmi les hommes, conformément au grand espoir chrétien. Conduire cette marche est la tâche de la politique. Sans cet idéal majeur, la politique descend de sa grandeur jusqu'à la superficialité des disputes mineures, du jeu ridicule du pouvoir personnel, de la timide recherche de gloires pâles et éphémères. [...] Dans les versets de la Bible, il est décrété que Dieu a créé la terre pour que l'homme la travaille, et non pour qu'il la pille et la violente, en menaçant la qualité de la vie, et qu'il devrait avoir le statut civique suprême de gardien de celle-ci. Ces valeurs de l'esprit sont acquises par l'éducation. « Savoir, c'est

être libre », a dit l'un des grands chrétiens de l'Amérique, José Martí. Cela place les tâches de l'enseignement public dans l'urgence de nos préoccupations. La citoyenneté commence par l'alphabet.

Ulisses Guimarães fit peser sur les épaules des représentants la responsabilité historique d'écrire une Constitution et d'en faire l'instrument de construction d'un État de droit répondant aux aspirations à la justice du peuple brésilien.

Messieurs les constituants, voici venue la grande heure de notre génération. Nous devons la prendre avec le sens du devoir et en étant conscients que nous serons responsables, dans le futur, des décisions que nous prenons ici. Nous avons entre nos mains la souveraineté du peuple. Il nous a confié la tâche de construire, avec la loi, l'État démocratique, moderne, juste, pour tous ses enfants. Un État qui serve l'homme et non un État qui les soumette, au nom de projets totalitaires de grandeur. […] Nous devons élaborer aujourd'hui la Constitution de demain, digne de notre patrie et de notre peuple. Grâce à elle, nous gagnerons les défis économiques, politiques et sociaux. Nous serons les prophètes de demain [1].

Les travaux ont été clos le 5 octobre 1988. Lors de la session solennelle, Ulysse Guimarães reconnut leur imperfection, à l'instar de toute œuvre humaine :

La Nation nous a ordonné d'exécuter un service. Nous l'avons fait avec amour, application, et sans crainte. La Constitution n'est certes pas parfaite. Elle-même le reconnaît en adoptant la réforme. Être en désaccord avec elle, oui. Diverger, oui. Revenir dessus, jamais. La combattre, jamais. Ce n'est pas la Constitution parfaite. Si elle était parfaite, elle serait irréformable.

En ce qui concerne son élaboration, il souligna son processus novateur et la participation populaire significative :

---

[1] Discours « Os Profetas do Amanhã » prononcé à l'Assemblée nationale constituante le 3 février 1987 et publié au *DANC* du 4 février 1987, p. 21. *Perfis Parlamentares, Ulysses Guimarães*, Câmara dos Deputados, Centro de Documentação e Informação, Brasília, Edições Câmara, 2012, p. 401-410.

> C'était une audace novatrice, de la part du Représentant, que de refuser le projet étranger ou d'élaboration interne. Par un immense effort, les 61 020 amendements furent reçus, en plus de 122 amendements populaires, certains avec plus d'un million de signatures, qui ont été présentés, publiés, distribués, discutés et votés sur le long chemin depuis les sous-commissions jusqu'à la rédaction finale. La participation fut aussi énorme, avec la présence quotidienne d'environ 10 000 personnes qui ont franchi librement les onze entrées de l'énorme complexe monumental du Parlement à la recherche des cabinets, des commissions, de la galerie et des salons. Il y a eu ainsi de nombreuses personnes, représentatives du peuple, des rues, des campagnes, des favelas, des usines, des travailleurs, des cuisiniers, des mineurs démunis, des Indiens, des possédants, des entrepreneurs, des étudiants, des retraités, des agents civils et militaires, attestant de la contemporanéité et de l'authenticité sociale du texte qui commence maintenant à entrer en vigueur.

Ulysse Guimarães évoqua certains aspects sur lesquels le peuple a gagné en émancipation dans la nouvelle Constitution brésilienne :

> La Constitution a voulu définir les moyens de renforcer l'exercice de la démocratie. C'est le clairon de la souveraineté populaire et directe jouant au seuil de la Constitution pour ordonner le progrès dans le domaine des besoins sociaux.
> Le peuple a commencé à avoir l'initiative des lois. Plus que cela, le peuple est un superlégislateur qualifié pour rejeter par référendum les projets adoptés par le Parlement.
> La vie publique brésilienne sera aussi surveillée par les citoyens. Du Président au maire, du sénateur au conseiller municipal.

La moralité administrative a été affirmée [1] et la corruption, ce mal qui continue malheureusement de ronger la République, fermement condamnée :

---

[1] Sur la morale administrative, *cf.* Maurice Hauriou, *Précis élémentaire de droit administratif*, Paris, 1926, p. 197 et s.

> La morale est le duramen de la patrie. La corruption est le termite de la République. La République salie par la corruption impunie se retrouve entre les mains des démagogues qui la tyrannisent sous le prétexte de la sauver. Ne pas voler, ne pas laisser voler, car la prison pour celui qui vole, tel le premier commandement de la morale publique.

Et Ulysse Guimarães conclut par ces mots, prononcés le 2 février 1987, à l'occasion de l'élection du président de l'Assemblée nationale constituante : « La Nation veut changer. La Nation devrait changer. La Nation changera. La Constitution a l'intention d'être la voix, la lettre, la volonté politique de la société qui prend le chemin du changement. Que la promulgation soit notre cri perçant. Changer pour gagner. Le Brésil change. »

L'organisation et la chronologie des travaux

L'Assemblée nationale constituante était novatrice dans la mesure où elle ne partait pas d'un projet externe ou interne établissant un cadre pour ses travaux. Cependant, il convient de signaler que le projet constitutionnel élaboré par la Commission provisoire d'études constitutionnelles [1], instituée par le président José Sarney [2], composé de cinquante intellectuels [3] con-

---

[1] *Diário Oficial da União*, Seção I, na Sexta-Feira, 26 septembre 1986, supplément spécial au n° 185.

[2] Décret n° 91.450 du 18 juillet 1985.

[3] Alberto Venâncio Filho, Alexandre José Barbosa Lima Sobrinho, Antônio Ermírio de Moraes, Bolívar Lamounier, Cândido Antônio Mendes de Almeida, Célio Borja (empêché de participer après sa nomination à la Cour suprême), Celso Monteiro Furtado, Cláudio Lacombe, Cláudio Pacheco, Clóvis Ferro Costa, Cristóvam Buarque, Edgard da Matta Machado, Eduardo Portella, Evaristo de Morais Filho, Fajardo Pereira Faria, Fernando Bastos D'Avila, Florisa Verucci, Gilberto Freyre, Gilberto de Ulhôa Canto, Guilhermino Cunha, Hélio Jaguaribe, Hélio Santos, Hilton Ribeiro da Rocha, João Pedro Gouveia Vieira, Joaquim Arruda Falcão Neto, Jorge Amado, Josaphat Marinho, José Afonso da Silva, José Alberto de Assumpção, José Francisco da Silva, José Paulo Sepúlveda Pertence, José do Rego Barros Meira de Araújo, José Saulo Ramos, Laerte Ramos Vieira, Luís Eulálio de Bueno Vidigal Filho, Luis Pinto Ferreira, Mário de Souza Martins, Mauro Santayana (secrétaire exécutif de la commission), Miguel Reale, Miguel Reale Junior, Ney Prado (secrétaire général de la commission), Odilon Ribeiro Coutinho, Orlando

duits par Afonso Arinos de Melo Franco, a servi, non seulement de dépôt d'idées rapidement classées, mais aussi de source d'inspiration des représentants, et de nombreux passages de son texte ont commencé à être insérées dans le texte même de la Constitution. La structure de l'Assemblée nationale constituante a été établie par le règlement interne (la résolution n° 2/87), conformément à la procédure qui devait être suivie pour l'élaboration du texte constitutionnel. Une commission de systématisation et huit commissions thématiques, chacune composée de trois sous-commissions, ont été créées.

Selon Mauro Márcio Oliveira [1], les travaux constituants se sont déroulés en sept étapes qui, à leur tour, ont été développées dans vingt-six phases différentes, récapitulées dans le tableau suivant :

Étapes	Phases
1. Introduction	Élaboration du règlement interne de l'Assemblée nationale constituante
	Suggestions : citoyens, constituant et organismes
2. Sous-commissions thématiques	A : Avant-projet du rapporteur
	B : Amendements à l'avant-projet du rapporteur
	C : Avant-projet de la sous-commission
3. Commissions thématiques	E : Amendements à l'avant-projet de la sous-commission par la commission
	F : Suppléant du rapporteur
	G : Amendements à l'alternatif
	H : Avant-projet de la commission
4. Commission de systématisation	I : Avant-projet de Constitution
	J : Amendement de fond (CS) à l'avant-projet
	K : Amendement approprié (CS) à l'avant-projet
	L : Projet de Constitution
	M : Amendement de l'assemblée plénière et des assemblées populaires

Magalhães de Carvalho, Paulo Brossard de Souza Pinto, Raphael de Almeida Magalhães, Raul Machado Horta, Rosah Russomano, Sérgio Franklin Quintella et Walter Barelli.

[1] Mauro Márcio Oliveira, *Fontes de Informações sobre a Assembleia Nacional Constituinte de 1987*, p. 11.

	N : Proposition alternative 1 du rapporteur
	O : Amendement à la proposition alternative 1
	P : Proposition alternative 2 du rapporteur
5. Assemblée plénière	Q : Projet A (début du premier tour)
	R : Loi sur les dispositions transitoires
	S : Amendement de l'assemblée plénière
	T : Projet B (fin du premier tour et début du second tour)
	U : Amendent du projet B
	V : Projet C (fin du second tour)
6. Commission de rédaction	W : Proposition écrite exclusivement
	X : Projet D – rédaction finale
7. Conclusion	Y : Promulgation de la Constitution de 1988

Nous pouvons dire, de façon imagée, que ces étapes peuvent être comparées à un grand entonnoir qui se rétrécissait progressivement à mesure où on se rapprochait des travaux de l'assemblée plénière.

Bien que les huit commissions thématiques de l'Assemblée constituante aient été installées le 1er avril 1987, elles n'ont commencé leurs travaux que durant la dernière semaine du mois de mai, après la clôture des travaux des sous-commissions. Bien qu'elles aient réalisé des audiences publiques, dans cette phase ont été entendus principalement des représentants des organismes publics et des ministres d'État. Avec les 685 articles qui ont été transmis aux commissions thématiques et l'avant-projet envoyé le 15 juin à la Commission de systématisation, ont été présentés 14 920 amendements à l'origine de 1 808 articles qui, au fil des débats et des votes, ont été ramenés à 496 dans le projet final transmis le 14 juillet 1987 au président de l'Assemblée nationale constituante.

Le 15 juillet de 1987, Ulysses Guimarães a communiqué le projet à l'assemblée plénière. C'est ce jour-là qu'a commencé à courir le délai de trente jours pour la présentation des amendements des constituants [1] et des amendements populaires signés par au moins 30 000 électeurs, dans des listes établies par un minimum de trois entités associatives. À la fin du délai, 20 791 amendements avaient été reçus, parmi lesquels

[1] Règlement interne, article 23 § 1.

122 amendements populaires qui ont été défendus, devant l'assemblée plénière de la commission de systématisation, du 26 août au 4 septembre 1987.

La distribution des postes dans les commissions

Au total, 132 présidents, vice-présidents et rapporteurs des commissions et sous-commissions furent nommés. Durant tout le processus de nomination à ces postes, on a pu souligner le rôle majeur du chef du Parti du mouvement démocratique brésilien (PMDB), le député Mario Covas, qui souhaitait l'élaboration d'une Constitution progressiste, à la fois sociale et parlementaire. Pour atteindre ce but, il négocia avec les autres chefs de partis politiques [1] pour que soient nommés à la présidence et aux fonctions de rapporteurs des commissions et des sous-commissions des hommes et des femmes ayant ce profil idéologique. Néanmoins, malgré ces efforts, la Constitution promulguée était, certes, progressiste, mais elle n'était pas parlementaire [2].

Certaines commissions et sous-commissions thématiques avaient une importance particulière et ont fait l'objet d'une attention spéciale, comme la commission I : « de la Souveraineté et des Garanties de l'homme et de la femme [3] », et ses sous-commissions [4] ; la commission III : « de l'Organisation des

---

[1] Lors de l'installation de l'Assemblée nationale constituante, outre Mário Covas qui présidait le PMDB avec 303 députés, il y avait les leaders politiques José Loureço du Parti, du front libéral (PFL), avec 135 députés, Amaral Neto, du Parti social démocratique (PDS), avec trente-huit députés, Brandão Monteiro, du Parti démocratique travailliste (PDT), avec vingt-six députés, Gastone Righi, du Parti travailliste brésilien (PTB), avec dix-huit députés, et Luiz Inácio Lula da Silva, du Parti des travailleurs (PT), avec seize députés.

[2] Avec la crise politique actuelle, certains comprennent que le présidentialisme de coalition favorise la corruption et que l'adoption d'un régime parlementaire serait une meilleure chose pour le Brésil.

[3] La direction de cette commission était constituée ainsi : président, Mario Assad (PFL-MG) ; premier vice-président, Aécio Neves (PMDB-MG) ; rapporteur, José Paulo Bisol (PMDB-RS).

[4] Le bureau directeur de la sous-commission I de la de la Nationalité, de la Souveraineté et des Relations internationales était constitué ainsi : président, Roberto D'Ávila (PDT-RJ) ; premier vice-président, Aluízio Bezerra (PMDB-AC) ; rapporteur, João Herrmann Neto (PMDB-SP). Le bureau directeur de la

pouvoirs et du Système du gouvernement [1] » et ses sous-commissions ; la commission VI : « de l'Ordre économique [2] », et surtout ses sous-commissions VI-A [3] et VI-C [4] ; la commission VII : « de l'Ordre social [5] », sans préoccupation particulière pour ses sous-commissions ; la commission VIII : « de la Famille, de l'Éducation, de la Culture et des Sports, de la Science et de la Technologie et de la Communication [6] », et

---

sous-commission I-B des Droits politiques, des Droits collectifs et des Garanties était composée ainsi : président, Maurílio Ferreira Lima (PMDB-PE) ; premier vice-président, Orlando Pacheco (PFL-SC) ; rapporteur, Lysâneas Maciel (PDT-RJ). Le bureau directeur de la sous-commission I-C des Droits et des Garanties individuelles était constitué ainsi : président, Antonio Mariz (PMDB-PB) ; premier vice-président, Lúcia Braga (PFL-PB) ; rapporteur, Darcy Pozza (PDS-RS).

[1] Le bureau directeur de cette commission était constitué ainsi : président, Oscar Corrêa (PFL-MG) ; premier vice-président, Maurício Corrêa (PDT-DF) ; rapporteur, Egídio Ferreira Lima (PMDB-PE). Le bureau directeur de la sous-commission III-A du Pouvoir législatif était constitué ainsi : président, Bocayuva Cunha (PDT-RJ) ; premier vice-président, Rubem Branquinho (PMDB-AC) ; rapporteur, José Jorge (PFL-PE). Le bureau directeur de la sous-commission III-B du Pouvoir exécutif était composé ainsi : président Albérico Filho (PMDB-AL) ; premier vice-président, Vivaldo Barbosa (PDT-RJ) ; rapporteur, José Fogaça (PMDB-RS). Le bureau directeur de la sous-commission III-C du Pouvoir judiciaire était composé ainsi : président, José Costa (PMDB-AL) ; premier vice-président, Jairo Carneiro (PFL-BA) ; rapporteur, Plínio Arruda Sampaio (PT-SP).

[2] La direction de cette commission était composée ainsi : président, José Lins (PFL-CE) ; premier vice-président, Hélio Duque (PMDB-PR) ; rapporteur, Severo Gomes (PMDB-SP).

[3] Le bureau directeur de la sous-commission VI-A des Principes généraux, des Intervention de l'État, du Régime de la propriété du sous-sol et des Activité économique était composé ainsi : président, Delfim Neto (PDS-SP) ; premier vice-président, Afif Domingos (PL-SP) ; rappporteur, Virgildásio de Senna (PMDB-BA).

[4] Le bureau directeur de la sous-commission VI-C de la Politique agricole et agraire et de la Réforme agraire était composé ainsi : président, Edison Lobão (PFL-MA) ; premier vice-président, Rachid Saldanha Derzi (PMDB-MS) ; rapporteur, Oswaldo Lima Filho (PMDB-PE).

[5] La direction de cette commission était composée ainsi : président, Edme Tavares (PFL-PB) ; premier vice-président, Hélio Costa (PMDB-MG) ; rapporteur, Almir Gabriel (PMDB-PA).

[6] La direction de cette commission était composée ainsi : président, Marcondes Gadelha ; premier vice-président, José Elias Moreira (PTB-MS) ; rapporteur, Artur da Távola (PMDB-RJ).

surtout sa sous-commission VIII-B [1]. Le choix du rapporteur de ces commissions et sous-commissions était important : il devait être de tendance progressiste. Dans les autres commissions, cette question ne présentait pas un caractère prioritaire. Mais le président du PMDB avait à l'esprit le caractère important que les rapporteurs et les présidents des commissions et des sous-commissions intègrent la commission de systématisation afin que les prises de position soient les plus progressistes possible.

Néanmoins, Mario Covas avait aussi conscience que la majorité de l'Assemblée nationale constituante était composée de conservateurs, de sorte que le montage devait être stratégique pour que la minorité progressiste soit capable d'élaborer une œuvre ayant un tel profil, la question de la procédure étant ainsi fondamentale.

La distribution des postes a été faite ainsi : parmi les huit rapporteurs des commissions thématiques, six appartenaient au camp progressiste [João Herrmann, (sous-commission I-A), Sigmaringa Seixas (sous-commission II-B), José Fogaça (sous-commission III-B), Nelson Friedrich (sous-commission IV-C), Fernando Gasparian (sous-commission V-C), Virgildásio de Senna (sous-commission VI-A), Oswaldo Lima Filho (sous-commission VI-C), Mário Lima (VII-A)], deux au camp conservateur [José Ulisses de Oliveira (sous-commission VI-B) et João Calmon (sous-commission VIII-A] et un au camp modéré [Fernando Bezerra Coelho (sous-commission V-B)] ; parmi les vingt-quatre rapporteurs des sous-commissions, douze étaient progressistes, onze conservateurs et un modéré. Le rapporteur de la commission de Systématisation, Bernardo Cabral, était considéré comme progressiste ; le président, Afonso Arinos, était un modéré ; parmi les quarante présidents et rapporteurs appartenant à la commission de Systématisation, dix-huit étaient progressistes et vingt conservateurs ; l'équilibre était assuré par les modérés.

[1] Le bureau directeur de la sous-commission VIII-B de la Science et de la Technologie et de la Communication était composé ainsi : président, Arolde de Oliveira (PFL-RJ) ; premier vice-président, Onofre Corrêa (PMDB-MA) ; rapporteur, Cristina Tavares (PMDB-PE).

Adriano Pilatti estime que l'avantage des progressistes dans l'attribution des postes de rapporteurs au PMDB et ses répercussions sur la composition de la commission de Systématisation sont dus à la capacité de négociation du chef du PMDB, Mário Covas[1].

Les commissions thématiques [2], les sous-commissions [3] et la commission de Systématisation [4]

Le tableau ci-après nous offre une vision générale des commissions qui ont été organisées selon le critère thématique, conformément à l'article 15 du règlement interne de l'Assemblée nationale constituante, avec pour mission l'élaboration des avant-projets partiels de la Constitution. Huit ont été créées, chacune étant composée de 63 membres titulaires et d'un nombre égal de suppléants. Chacune était divisée en trois sous-commissions, selon le critère thématique, en appliquant le principe de la représentation proportionnelle des formations politiques et avec un nombre variable de membres.
Ainsi, en tout vingt-quatre sous-commissions ont été créées au sein de l'Assemblée nationale constituante, chaque commission thématique étant divisée en trois sous-commissions, excepté la sous-commission de systématisation qui n'a pas été dédoublée.

I – Commission de la souveraineté et des droits et garanties de l'homme et de la femme I-A – Sous-commission de la nationalité, de la souveraineté et des relations internationales

[1] Adriano Pilatti, *A Constituinte de 1987-1988. Progressistas e Conservadores. Ordem Econômica e Regras do Jogo*, Rio de Janeiro, PUC/Lumen Juris, 2008, p. 65. Sur la question, voir « Jogo de Trocas – Esquerda do PMDB Ganha os Cargos de Relator », *Revista Veja*, 8 avril 1987, p. 30.

[2] Article 13 du règlement interne de l'Assemblée nationale constituante : « Les Commissions chargées d'élaborer le projet de Constitution, au nombre de 8 (huit), seront composées chacune de 63 (soixante-trois) membres titulaires et d'un nombre égal de suppléants. »

[3] Article 15 du règlement interne de l'Assemblée nationale constituante.

[4] Article 13 § 1 du règlement de l'Assemblée nationale constituante : « Il y aura une commission de Systématisation, composée initialement de 49 (quarante-neuf) membres et d'un nombre égal de suppléants, dont la compostion sera complétée par les présidents et les rapporteurs des autres commissions. »

I-B – Sous-commission des droits politiques, des droits collectifs et des garanties I-C – Sous-commission des droits et garanties individuels
I – Commission de la souveraineté et des droits et garanties de l'homme et de la femme I-A – Sous-commission de la nationalité, de la souveraineté et des relations internationales I-B – Sous-commission des droits politiques, des droits collectifs et des garanties I-C – Sous-commission des droits et garanties individuels

I – Commission de la souveraineté et des droits et garanties de l'homme et de la femme I-A – Sous-commission de la nationalité, de la souveraineté et des relations internationales I-B – Sous-commission des droits politiques, des droits collectifs et des garanties I-C – Sous-commission des droits et garanties individuels
II – Commission de l'organisation de l'État II-A – Sous-commission de l'Union, du district fédéral et des territoires II-B – Sous-commission des États II-C – Sous-commission des communes et des régions
III – Sous-commission de l'organisation des pouvoirs et du système de gouvernement III-A – Sous-commission du pouvoir législatif III-B – Sous-commission du pouvoir exécutif III-C – Sous-commission du pouvoir judiciaire et du ministère public
IV – Commission de l'Organisation électorale, partisane et des garanties des institutions IV-A – Sous-commission du système électoral et des partis politiques IV-B – Sous-commission de défense de l'État, de la société et de sa sécurité IV-C – Sous-commission de garantie de la Constitution, des réformes et des amendements
V – Commission du système fiscal, du budget et des finances V-A – Sous-commission des impôts, de la participation et de la distribution des recettes V-B – Sous-commission du budget et du contrôle des finances V-C – Sous-commission du système financier
VI – Commission de l'ordre économique VI-A – Sous-commission des principes généraux, de l'intervention de l'État, du régime de la propriété du sous-sol et des activités économiques VI-B – Sous-commission de la question urbaine et des transports VI-C – Sous-commission de la politique agricole et foncière et de la réforme agraire
VII – Commission de l'ordre social VII-A – Sous-commission des droits des travailleurs et des agents publics

VII-B – Sous-commission de la santé, de la sécurité et de l'environnement
VII-C – Sous-commission des Noirs, des populations indigènes, des personnes déficientes et des minorités
VIII – Commission de la famille, de l'éducation, de la culture et des sports, des sciences et technologies et de la communication
VIII-A – Sous-commission de l'éducation, de la culture et des sports
VIII-B – Sous-commission des sciences et technologies et de la communication
VIII-C – Sous-commission de la famille, des mineurs et des personnes âgées

Le travail d'élaboration de la Constitution a commencé dans les vingt-quatre sous-commissions thématiques qui ont été mises en place le 7 avril 1987 et ont terminé leurs activités entre le 23 et 25 mai 1987. Chaque commission et sous-commission prévoyaient, dans leur appellation, une thématique qui serait incluse dans la future Constitution comme un titre, par exemple « l'organisation de l'État », « l'organisation des pouvoirs », « la fiscalité et le budget », « l'ordre économique », « l'ordre social », *etc.*

Durant cette phase ont été entendues des personnes très diverses, représentant des organisations publiques et privées, des organisations sociales, des syndicats, des associations et des spécialistes qui ont transmis par écrit des milliers de suggestions aux sous-commissions. Outre ce matériel, les sous-commissions ont également reçu des milliers de suggestions des parlementaires. À partir de cette gigantesque masse de propositions, les rapporteurs ont élaboré leurs avant-projets, ajoutant environ 500 articles. Commença alors la phase de présentation des amendements. Les rapporteurs ont amélioré les avant-projets pour qu'ils soient présentés comme des amendements aux assemblées plénières des sous-commissions respectives. L'ensemble des avant-projets transmis aux commissions thématiques représentait 685 articles.

Quant à la commission de Systématisation, nous pouvons dire qu'elle fut la colonne vertébrale de la structure de l'Assemblée nationale constituante dans la mesure où vers elle ont convergé les avant-projets des commissions thématiques, c'est-à-dire les textes fondamentaux qui constituaient la matière première de la rédaction du premier projet de Constitution.

Conformément au règlement de l'Assemblée nationale constituante (articles 13 et 15), elle était composée de quarante-neuf membres titulaires et de quarante-neuf suppléants, ainsi que des présidents et les rapporteurs des huit commissions thématiques et des rapporteurs des vingt-quatre sous-commissions, soit 89 membres supplémentaires. Néanmoins, pour garantir les règles de la représentation proportionnelle, ont été ajoutés quatre titulaires, ce qui permit à tous les partis politiques de disposer d'un siège au sein de cette commission.

La commission s'est réunie le 9 avril 1987 afin de procéder à l'élection du président et des premier et second vice-présidents. Le juriste Afonso Arinos (PFL-RJ) a été élu président, avec 74 voix, et a nommé Bernardo Cabral (PMDB-AM) comme rapporteur de la commission. Le député Aluízio Champs (PMDB-PB) a été élu premier vice-président avec quarante-huit voix, et le député Brandão Monteiro (PDT-RJ) second vice-président avec soixante-dix voix.

La participation populaire

Après des années de mobilisation du peuple qui exigeait la démocratisation et la fin de l'État d'exception, l'Assemblée nationale constituante de 1987-1988 a rendu possible la participation populaire comme aucune des précédentes Constitutions brésiliennes.

Entre mars de 1986 et juillet 1987, avec le projet « Diga Gente e Projeto Constituição », la commission de la Constitution et de la Justice du Sénat fédéral, même avant l'installation de l'Assemblée nationale constituante, a cherché à mobiliser la société en mettant à la disposition du peuple, dans les bureaux de poste, des formulaires pour envoi de suggestions aux constituants. Selon le *Jornal da Constituinte* [1], ceux-ci ont reçu plus de 72 000 lettres, dont l'effet a été plus symbolique que pratique vu que le règlement interne de l'Assemblée constituante n'a pas donné suite à cette forme de participation populaire [2].

[1] Brasilia, du 29 octobre au 8 novembre 2013, p. 1.

[2] Le résultat de la compilation des suggestions a été la création de la base de données SAIC – Système d'aide informatique à la Constituante. La SAIC regroupe et intègre des suggestions envoyées par les citoyens, outre

Concernant la participation populaire, le règlement interne de l'Assemblée nationale constituante a établi les possibilités suivantes.

Premièrement, en application de l'article 13 § 11 [1], diverses entités de la société civile, ainsi que des conseils municipaux, des assemblées législatives et des tribunaux, ont présenté des suggestions qui ont été transmises aux commissions respectives. Deuxièmement, des audiences publiques ont été conduites dans les sous-commissions thématiques, en application de l'article 14 [2]. Troisièmement, des amendements populaires ont été signés par au moins 30 000 électeurs, conformément à l'article 24 [3]. Quatrièmement, des amendements populaires ont été défendus par un signataire devant la commission de Systématisation, en application de l'article 24 § VI [4], de sorte que de nombreux citoyens dépourvus du mandat constituant ont pu se manifester dans cette importante commission de l'Assemblée nationale constituante en donnant une portée suffisante à l'amendement présenté.

---

l'identification des soumissionnaires, en devenant ainsi une source d'information importante pour comprendre la réalité brésilienne à l'époque de l'Assemblée constituante de 1987. La SAIC peut être consultée sur le portail Internet du Sénat fédéral, conjointement avec d'autres bases de données historiques, pour accéder aux suggestions des citoyens ; il suffit de choisir, dans la liste, le sujet désiré. Disponible à l'adresse http://www.senado.gov.br/atividade/baseshist/bh.asp#/ (consulté le 16 avril 2016).

[1] « Aux assemblées législatives, aux conseils municipaux, et aux tribunaux, ainsi qu'aux entités représentatives de composantes de la société, est facilitée la présentation de suggestions en matière constitutionnelle, qui seront envoyées par le président de l'Assemblée aux commissions respectives. »

[2] « Les sous-commissions consacreront 5 (cinq) à 8 (huit) réunions aux audience d'entités représentatives de composantes de la société, devant encore, durant une période consacrée à leurs travaux, recevoir les suggestions transmises au bureau ou à la commission. »

[3] « Est assurée, dans un délai établi au § 1er de l'article précédent, la présentation de propositions d'amendements au projet de Constitution, signées par 30 000 (trente mille) électeurs brésiliens ou plus, inscrits sur des listes établies par au moins 3 (trois) entités associatives, légalement constituées, qui seront responsables de la validité des signatures, remplissant les conditions suivantes [...]. »

[4] « Dans la commission, la parole pourra être prise pour une durée de 20 (vingt) minutes, par l'un un de ses signataires, pour discuter la proposition, dans le but indiqué lors de la présentation de la proposition. »

Le Centre d'études et d'accompagnement de la Constituante de l'Université nationale de Brasília a avancé le nombre de 9 770 amendements. Déjà, une autre source, le *Jornal da Constituinte*, dans son n° 63, l'édition du jour de la promulgation de la Constitution, avait parlé d'environ 12 000 propositions provenant de 32 337 amendements différents signés par la population [1].

Ont été présentés 122 amendements populaires. L'article 24 du règlement interne de l'Assemblée nationale constituante imposait que chaque proposition d'amendement populaire fût signée par au moins 30 000 électeurs brésiliens inscrits sur des listes établies par au moins trois entités associatives, légalement constituées, qui seraient responsables de la validité des signatures.

Certains de ces amendements ont été insérés dans le texte constitutionnel comme le prévoient les mécanismes de démocratie directe : initiative populaire [2], plébiscite et référendum [3]. D'autres formes de participation populaire ont été prévues par la Constitution comme la participation des travailleurs et des employeurs aux collèges des agences publiques où leurs intérêts professionnels ou relatifs à la sécurité sociale font l'objet de discussions et de délibérations [4]. A également été consacrée l'élection d'un représentant (dans les sociétés de plus de deux cents employés), dans le but exclusif de promouvoir l'accord avec les employeurs [5], ainsi que la règle très bénéfique pour le contrôle social des dépenses publiques de la mise des comptes

---

[1] José Cordeiro de Araújo, Débora Bithiah de Azevedo, Ana Luiza Backes (org.), *Audiências públicas na Assembleia Nacional Constituinte: a sociedade na tribuna*, Brasília, Câmara dos Deputados, Edições Câmara, 2009, p. 26.

[2] Article 61 § 2 : « L'initiative populaire peut être exercée par la présentation, à la Chambre des députés, d'un projets de loi signé par au minimum un pour cent de l'électorat national, réparti dans au moins cinq États, avec au moins de trois dixièmes pour cent des électeurs de chacun d'eux. »

[3] Article 14 : « La souveraineté populaire sera exercée par le suffrage universel et par le vote direct, secret et égal, et dans les termes de la loi par :
« I. Plébiscite ;
« II. Référendum ;
« III. Initiative populaire. »

[4] Article 10 de la Constitution fédérale.

[5] Article 11 de la Constitution fédérale.

publics des communes à la disposition des contribuables pendant soixante jours afin que ceux-ci puissent les examiner, les contrôler et poser des questions sur leur légitimité [1], permettant ainsi à tout citoyen, parti politique, association ou syndicat de dénoncer des irrégularités ou des illégalités devant la Cour des comptes de l'Union [2]. Ont été également insérées plusieurs dispositions tendant à démocratiser la gestion de la santé [3], de la sécurité sociale [4], de l'éducation [5], de la culture [6] et de l'assistance sociale [7].

Lors de la 15e réunion ordinaire de la commission de Systématisation, ont été discutés les amendements populaires n° 21, 22 et 36 sur la participation populaire. Le plus novateur était l'amendement n° 21 défendu par le professeur Dalmo de Abreu Dallari[8] qui préconisait l'initiative populaire en matière d'amendement à la Constitution par le biais d'une proposition souscrite par un nombre minimum d'électeurs égal à 1 % de l'électorat national. Il suggérait également l'initiative populaire dans le cadre de la procédure législative moyennant une proposition souscrite par un minimum de 70 000 électeurs.

Malheureusement, cet amendement populaire n'a pas été approuvé dans les termes proposés, les constituants ayant seulement retenu l'initiative populaire comme une possibilité de présenter à la Chambre des députés un « projet de loi signé par au moins 1 % de l'électorat national, réparti dans au moins cinq

---

[1] Article 32 de la Constitution fédérale.

[2] Article 74 § 2 de la Constitution fédérale.

[3] Article 198, III de la Constitution fédérale.

[4] Article 194, VII de la Constitution fédérale : « Il appartient aux pouvoirs publics, dans les termes prévus par la loi, d'organiser la sécurité sociale, sur base des objectifs suivants :
« [...] le caractère démocratique et décentralisé de l'administration, moyennant une gestion quadripartite, avec la participation des travailleurs, des employeurs, des pensionnés et du Gouvernement dans les agences collégiales. »

[5] Article 206, VI de la Constitution fédérale.

[6] Art. 216, § 1 de la Constitution fédérale.

[7] Article 204, II de la Constitution fédérale : « La participation de la population, par des organisations représentatives, à l'élaboration des politiques et au contrôle des actions à tous les niveaux. »

[8] Assembléia Nacional Constituinte, *Atas de Comissões*, consultable à l'adresse http://www.senado.leg.br/publicacoes/anais/constituinte/sistema.pdf (consulté le 3 mai 2016).

États, avec au moins 3/10 % des électeurs de chacun d'eux [1] ». Ainsi, pour qu'un projet d'initiative populaire puisse être apprécié par la Chambre des députés, indépendamment de son approbation, il doit avoir recueilli au moins 1 424 678 signatures [2] d'électeurs de cinq États différents, avec au moins de 48 000 signatures dans chacun de ces États. Au vu de la croissance de la population, il est chaque année plus difficile de remplir ces conditions.

Pour cette raison, l'initiative populaire au Brésil n'est pas encore une pratique démocratique, mais seulement une exception dans les processus électoraux.

Dans l'hypothèse de présentation d'un projet d'initiative populaire sur le fondement de l'article 61 § 2, il s'agit d'un instrument de participation directe des citoyens aux actes du Gouvernement [3] ou d'un instrument de démocratie participative sur le fondement de l'article 14 [4], en plus du plébiscite et du référendum. Ce qui devrait être un exercice habituel de manifestation du citoyen par le vote direct et secret, à l'heure actuelle, en raison des obstacles mis, tend à être un acte politique extraordinaire qui exige la mobilisation du pays tout entier pour réunir le nombre de signatures exigé, ce qui nécessite l'aide d'institutions disposant de structures et de moyens au niveau national, comme l'Ordre des avocats du Brésil, l'Église catholique, et de grands syndicats, ce qui écarte et frustre le citoyen moyen.

Le résultat de ces difficultés est qu'en presque trente ans d'application de la Constitution de 1988, seules quatre propositions d'initiative populaire ont été à l'origine de lois [5]. Le réfé-

---

[1] Article 61 § 2 de la Constitution fédérale de 1988. Selon le Tribunal électoral supérieur, le nombre d'électeurs au Brésil était de 142 467 862.

[2] Selon le Tribunal électoral supérieur, le nombre d'électeurs au Brésil est actuellement de 143 564 800 ; *cf.* http://www.tse.jus.br/eleitor/estatisticas-de-eleitorado/estatistica-do-eleitorado-por-sexo-e-faixa-etaria (consulté le 3 mai 2016).

[3] José Afonso Silva, *Curso de Direito Constitucional Positivo*, São Paulo, Malheiros, 2015, p. 530.

[4] *Cf.* la loi n° 9 709 du 18 novembre 1998.

[5] *Cf.* la loi 8 930/94 qualifiant l'assassinat de crime odieux, la loi 9 840/99 rendant inéligibles les personnes coupables d'achat de votes, la loi 11 124/2005 instaurant le Système national d'habitation d'intérêt social –

rendum a été utilisé une seule fois, en 2005, et a permis au peuple de se prononcer sur le Statut de désarmement. Le plébiscite a aussi été utilisé une seule fois, en 1993 [1], sur la forme (république ou monarchie) et le système de gouvernement (présidentialisme ou parlementarisme), ce qui est très peu pour une démocratie comptant plus de deux cents millions d'habitants [2].

Quelle en est la raison ? Nous pensons que la réponse se trouve dans la crainte de la classe politique de perdre son rôle face le peuple. Au Brésil, il est fréquent que les hommes politiques agissent comme des distributeurs d'avantages, en résolvant les problèmes de petits groupes, en assurant une médiation entre les besoins du peuple et les pouvoirs constitués en offrant des bénéfices (une passerelle, un viaduc, un centre de santé, des logements sociaux, *etc.*), ou en se montrant comme étant ceux qui en ont fait profiter leur ville ou leur région. Comme contrepartie par ces « conquêtes », les hommes politiques attendent les voix de cette clientèle aux prochaines élections. Néanmoins, si c'est le peuple qui doit avoir la compétence de promouvoir directement ses revendications et ses intérêts et de transmettre politiquement ses propositions, ses initiatives et ses projets aux conseils municipaux, aux assemblées législatives et à la Chambre des députés à Brasília, les hommes politiques craignent que la généralisation de cette pratique entraîne l'affaiblissement de leur pouvoir sur la société et porte atteinte à leurs prérogatives et à leurs privilèges.

Il nous semble néanmoins que la participation du peuple implique le renforcement de l'autorité des parlementaires et des assemblées législatives à tous les niveaux de la Fédération et, par conséquent, le renforcement de la démocratie elle-même.

SNHIS – et créant le Fond national d'habitation populaire – FNHIS –, et enfin la loi complémentaire 135 du 4 juin 2010 dite « Loi de la fiche propre » interdisant aux hommes politiques déloyaux toute charge élective.

[1] Article 2 de l'Acte des dispositions constitutionnelles transitoires : « Le 7 septembre 1993, l'électorat définira, par plébiscite, la forme (république ou monarchie constitutionnelle) et le système du gouvernement (parlementarisme ou présidentialisme) qui doivent être en vigueur dans le pays. »

[2] Selon la projection de l'IBGE, la population du Brésil est de 205 854 111 habitants ; *cf.* http://www.ibge.gov.br/apps/populacao/projecao/ (consulté le 6 mai 2016).

Le professeur Dallari s'est prononcé en ce sens devant la commission de Systématisation :

> D'une certaine façon, on peut dire que l'initiative populaire ou le référendum rabaisse le Parlement. Au contraire, le Parlement préserve intégralement son pouvoir de décision et aura le dernier mot en ce qui concerne les normes qui devront être introduites en droit positif et incorporées au texte de la Constitution ou au système législatif du système juridique brésilien. De sorte qu'il n'y aura aucune perte pour le Parlement. Par contre, il y aura, sans aucun doute, un renforcement de son autorité, du fait de la présence plus grande du peuple et de la certitude de la plus grande authenticité des décisions... En fait, John Stuart Mill l'a déjà observé, dans son texte classique sur la théorie de la représentation, la participation populaire implique un rôle moral d'une extrême importance. Il est très difficile d'intéresser le peuple aux questions publiques, si on ne lui donne aucun rôle actif. La participation du peuple fonctionne comme une véritable école d'esprit civique [1].

Il y eut de nombreuses réunions de la commission de Systématisation sans la participation du peuple, et le constituant Lysâneas Maciel a vivement protesté :

> Monsieur le Président, Messieurs les constituants, l'un des aspects le plus intéressants de cette Assemblée nationale constituante a été la question de la participation populaire, encore naissante et faible, qui s'est produite durant ces mois, jusqu'à aujourd'hui. J'ai eu jusqu'à maintenant l'impression que nous avions réellement une nouvelle coutume dans l'Assemblée nationale constituante : le peuple, le grand absent de tout le processus constituant brésilien, aurait maintenant une occasion, peut-être singulière, unique, de se manifester et de s'exprimer. Moi-même, en qualité de rapporteur de la sous-commission des Droits politiques, des Droits collectifs et des Garanties, j'ai violé l'article 1er règlement qui exigeait que toutes les réunions fussent tenues dans l'enceinte du Congrès national, à Brasília, sauf en cas de force majeure. Et la raison de force majeure a été précisément l'impossibilité du peuple le plus simple et le plus dépourvu de ressources et de moyens d'accès à la capitale

[1] Assembléia Nacional Constituinte, *Ata das Comissões*, p. 427-428.

> du pays de faire lui aussi entendre sa voix, directement, dans l'exécution de la *Magna Carta.* Mon expérience a été très riche. J'ai même reçu des suggestions sur du papier d'emballage de pain, sur la question de l'assainissement de Baixada Fluminense [1]. Ils ont traduit cela dans des propositions, qui ont été finalement recueillies par ma commission et par commission thématique, ce qui prouve, Monsieur le Président et Messieurs les constituants, que nous nous éloignons de plus en plus de cette idée selon laquelle nous traitons le peuple comme un peuple d'analphabètes, dépourvu d'idées et qui ne sait pas ce qu'il veut. La sagesse et l'expérience populaires pourraient modifier profondément la perspective et les priorités que nous établissons ici [2]...

Et pour prendre en compte la participation du peuple, a été transmise la proposition d'un plébiscite confirmatoire pour que le peuple accepte ou rejette la Constitution élaborée par l'Assemblée nationale constituante. « Si nous voulons qu'il sorte d'ici une Constitution qui représente les désirs ardents du peuple brésilien, en premier lieu nous devons avoir le courage de soumettre à l'appréciation dudit peuple notre proposition constituante. »

Cette suggestion n'a pas été introduite, mais constituait l'opinion majoritaire exprimée par Afonso Arinos en ces termes :

> Nous devons créer un système où la participation, l'initiative et la présence populaires se combinent avec les principes et les méthodes de la représentation. Ce système de fusion de l'impulsion spontanée de la participation populaire avec les règles de la représentation populaire, exercée légitimement par les élections et surveillées, est le problème actuel, selon moi, de la démocratie brésilienne. Nous devons absorber ce qu'il y a de division et la discipliner avec ce qui peut avoir de représentation. Si nous ne réussissons pas cet équilibre, nous n'aurons pas résolu le problème fondamental du Brésil, qui est de faire que la société accompagne, investisse l'État et s'appuie chaque fois davantage sur lui. Je parle comme un vieil enseignant re-

[1] Banlieue de Rio de Janeiro [NDT].
[2] Assembléia Nacional Constituinte, *Ata das Comissões*, p. 619.

> traité. Au fond, ce qui existe au Brésil, et ce qui le distingue profondément des États-Unis est que plus l'État est puissant aux États-Unis, plus la société est forte. Chaque fois que l'intérêt social prédomine, la société, par sa représentation, par sa force, par sa pression et par toutes les manifestations que nous pouvons imaginer, contraint l'État à continuer, à progresser, à avancer dans la ligne dominante de la société.

Ressort l'importance de la chaîne participative et de la chaîne représentative pour le perfectionnement démocratique :

> Alors, ce qui existe, ce sont les principes et les initiatives sociaux, comme celui très louable des amendements populaires, dont nous parvenons à approuver un grand nombre. Il a y eu quatre-vingt-trois amendements approuvés – insiste Dona Laura – et seulement trente-neuf rejetés. C'est là un exemple qui montre qu'au Congrès national et à la Constituante de 1987, nous sommes mûrs pour accepter la participation. [...] ces deux torrents – le torrent participatif et le courant représentatif – doivent trouver un écoulement, un delta démocratique.

Afonso Arinos a finalement souligné l'importance du processus représentatif dans le régime présidentialiste, au vu de la faiblesse de notre société comparée avec le fort État brésilien,

> de sorte qu'il y ait seulement une évolution qui apporte le contingent participatif qui existe fortement dans la société brésilienne à la chaîne représentative qui existe aussi fortement dans la société brésilienne. Ce n'est pas rien que nous ayons été élus par 60 ou 70 millions de voix. Quand on parle d'un Président élu, dans un régime présidentialiste, avec 60 millions de voix, on oublie que la majorité du Congrès qui va constituer le Gouvernement a aussi été désignée par 60 millions de voix, et que son chef parlera au nom des 60 millions de personnes qui ont élu cette majorité du Congrès. Ce sont les considérations que, très modestement, je formule devant le constituant Lysâneas Maciel, en attendant que Son excellence conduise les études, présente les idées et transcrive leurs travaux en prenant toujours en considération le fait qu'au Brésil, la société est faible et l'État fort sans être socialisant ; c'est un État qui a été fort, parce que la société est faible. Entre les États-Unis et le Brésil, il existe une différence en ce que la société est bien plus forte

> que l'État. Ainsi, dans ce pays la pression que la société exerce sur l'État ne dépasse pas la loi. Elle s'exprime à travers le Parlement, la presse et la Cour suprême, comme cela a été dit ici dans un discours prononcé il y a quelque temps pour montrer que l'institution de la Cour suprême ne peut pas être transférée dans cette partie du monde. Entre nous, nous devons faire cela par le Congrès, l'élection et enfin tout ce que pourra apporter à notre pays la confluence d'une société affaiblie par l'avidité, la dictature et l'oppression de l'État, et d'un État qui est devenu fort par la faiblesse de la société. Cela se fera avec le progrès de la démocratie. Il n'y a pas aujourd'hui au Brésil de progrès plus grand que celui de la démocratie. Elle seule nous apportera le progrès. Et je suis convaincu que seul le parlementarisme conduira à la démocratie. Je peux me tromper. Mais je suis sûr que seule la démocratie nous apportera le progrès. C'est en ce sens que je lance un appel à votre Excellence, mon compatriote et ami respecté, le constituant Lysâneas Maciel.

Finalement, cette vision qui valorise les formes de démocratie participative a fini par prévaloir. Le plébiscite, le référendum et l'initiative populaire ont été inclus dans la Constitution comme des possibilités d'exercice de la souveraineté populaire [1], mais malheureusement les constituants l'ont fait de façon timide, en lui imposant d'importantes limites.

Ainsi, il est grandement souhaitable de réaliser une réforme constitutionnelle de *lege ferenda* afin de permettre au peuple d'avoir l'initiative de lois en émettant une proposition signée par un nombre déterminé d'électeurs. 50 000 électeurs, comme le dispose la Constitution italienne [2], nous semblent être un nombre raisonnable, vu que la proposition fait l'objet d'un contrôle de constitutionnalité et de légalité et d'une appréciation de son intérêt par les parlementaires.

---

[1] Article 14 de la Constitution fédérale. Le plébiscite, le référendum et l'initiative populaire ont été réglementés par la loi n° 9 709/98.

[2] Article 71 de la Constitution italienne : « L'initiative des lois appartient au Gouvernement, à chaque membre des chambre et aux organes et organismes auxquels elle est conférée par la loi constitutionnelle. Le peuple exerce l'initiative des lois, par la proposition, de la part d'au moins cinquante mille électeurs, d'un projet rédigé en articles. »

La Constitution espagnole exige un minimum de 500 000 signatures [1]. Au Portugal, le droit d'initiative législative des citoyens [2] peut être exercé par un minimum de 35 000 citoyens électeurs [3] (article 6 de la loi n° 17/2003). En Suisse, où il y a une longue expérience en matière de participation populaire et de consultations du peuple, il a été établi que l'initiative populaire qui propose une réforme partielle de la Constitution exige une proposition signée par au minimum 100 000 électeurs [4], et quand il s'agit simplement d'un référendum facultatif, la Constitution helvétique exige seulement le soutien de 50 000 électeurs [5]. Dans le cadre de l'Union euro-

---

[1] Article 87 de la Constitution espagnole : « Une loi organique réglementera les formes d'exercice et les conditions de l'initiative populaire pour la présentation de propositions de lois. Dans tous les cas, un minimum de 500 000 signatures vérifiées sera exigé. Ladite initiative ne pourra porter sur une loi organique, fiscale ou internationale, ni en ce qui concerne le droit de grâce. »

[2] Article 167 de la Constitution portugaise : « L'initiative de la loi et du référendum appartient aux députés, aux groupes parlementaires et au Gouvernement, ainsi que, dans les termes et les conditions établis dans la loi, à des groupes de citoyens électeurs, l'initiative de la loi appartenant, en ce qui concerne les régions autonomes, aux assemblées législatives respectives. »

[3] Article 6 de la loi n° 17/2003.

[4] Article 139 de la Constitution fédérale de la Confédération helvétique : « Initiative populaire tendant à la révision partielle de la Constitution.
« 1. 100 000 citoyens et citoyennes ayant le droit de vote peuvent, dans un délai de dix-huit mois à compter de la publication officielle de leur initiative, demander la révision partielle de la Constitution.
« 2. Les initiatives populaires tendant à la révision partielle de la Constitution peuvent revêtir la forme d'une proposition conçue en termes généraux ou celle d'un projet rédigé.
« 3. Lorsqu'une initiative populaire ne respecte pas le principe de l'unité de la forme, celui de l'unité de la matière ou les règles impératives du droit international, l'Assemblée fédérale la déclare totalement ou partiellement nulle. »

[5] Article 141 de la Constitution fédérale de la Confédération helvétique : « Référendum facultatif.
« 1. Si 50 000 citoyens et citoyennes ayant le droit de vote ou huit cantons le demandent dans les cent jours à compter de la publication officielle de l'acte, sont soumis au vote du peuple :
« a. les lois fédérales ; b. les lois fédérales déclarées urgentes dont la durée de validité dépasse un an ; c. les arrêtés fédéraux, dans la mesure où la Constitution ou la loi le prévoient ; d. les traités internationaux qui : 1. sont d'une durée indéterminée et ne sont pas dénonçables, 2. prévoient l'adhésion à une organisation internationale, 3. contiennent des dispositions importantes fixant

péenne, une proposition d'initiative populaire exige un million de signatures [1] de citoyens provenant d'au minimum sept des vingt-huit États membres et doit obtenir un minimum de signataires dans chacun de ces sept États [2].

Ce serait ainsi une grande avancée pour la maturation et le renforcement de la démocratie brésilienne de renverser les barrières qui rendent aujourd'hui lettre morte les instruments de démocratie directe consacrés dans la Constitution fédérale.

Nous savons que la démocratie est vulnérable et qu'elle peut être amoindrie ou subir des abus de groupes ou d'individus, ce qui ne peut servir de justification pour empêcher que le peuple s'exprime, dans la mesure où, pour éviter des propositions démagogiques d'initiative populaire, contraires aux principes de la République fédérative du Brésil, ou même des propositions légères ou vexatoires, il est souhaitable que la loi définisse les modalités et les conditions. Ainsi, en fonction de la nature de l'initiative, le nombre de signatures devant être réunies sera plus ou moins grand, ou les signatures devront être rassemblées dans un délai déterminé, ou simplement certaines matières seront insusceptibles de faire l'objet de débats sur la base d'une proposition d'initiative populaire.

Enfin, il est temps que la souveraineté populaire puisse être exercée moyennant un système qui incorpore les technologies digitales modernes pour rassembler des signatures nécessaires, et donner ainsi aux signatures électroniques une valeur égale à celle des signatures manuscrites.

*

* *

---

des règles de droit ou dont la mise en œuvre exige l'adoption de lois fédérales. »

[1] Article 11 § 4 du traité sur l'Union européenne : « 4. Des citoyens de l'Union, au nombre d'un million au moins, ressortissants d'un nombre significatif d'États membres, peuvent prendre l'initiative d'inviter la Commission européenne, dans le cadre de ses attributions, à soumettre une proposition appropriée sur des questions pour lesquelles ces citoyens considèrent qu'un acte juridique de l'Union est nécessaire aux fins de l'application des traités. »

[2] Voir le nombre minimum de signataires par État membre : http://ec.europa.eu/citizens-initiative/public/signatories.

La Constitution de 1988 est, de toutes les Constitutions brésiliennes, celle qui a reçu le plus de propositions et d'idées venues directement du peuple. Le règlement interne qui a organisé le travail des constituants au sein des commissions et des sous-commissions a aussi rendu possibles des centaines d'audiences publiques qui ont irrigué et enrichi les débats. Les constituants ont eu ainsi un dialogue fructueux avec des entrepreneurs, les scientifiques, les associations d'habitants, les étudiants, les chercheurs de diamants, les syndicalistes, les emprunteurs, les paysans, les ouvriers, handicapés, les « sans terre », les artistes, les domestiques, les ONG, *etc.*, et cette pratique a montré un chemin : entendre le peuple pour construire une démocratie plus juste, plus fraternelle et plus solidaire.

Près de trente ans après, cette expérience réussie, qui a eu des répercussions sur le texte constitutionnel lui-même, résonne en ces temps de crise comme un encouragement à continuer à marcher sur la voie de la construction démocratique.

Ainsi, les instruments de démocratie populaire consacrés dans notre *Magna Carta*, comme l'initiative populaire (y compris en matière d'amendement de la Constitution), le plébiscite et le référendum doivent être perfectionnés. De *lege ferenda*, il est urgent de procéder à une réforme politique qui supprime les barrières qui empêchent le complet exercice de ces instruments de participation qui donneront une impulsion et renforceront notre jeune démocratie.

Références bibliographiques

ARAÚJO José Cordeiro de, AZEVEDO Débora Bithiah de, BACKES Ana Luiza (org.), *Audiências públicas na Assembleia Nacional Constituinte: a sociedade na tribuna*, Brasília, Câmara dos Deputados, Edições Câmara, 2009, 653 p.

Brasil, Assembléia Nacional Constituinte, Regimento Interno da Assembléia Nacional Constituinte, Brasília, Câmara dos Deputados, Coordenação de Publicações, 1987, 180 p. (textos básicos 3).

DUARTE José A., *Constituição Brasileira de 1946, Exegese dos textos à luz dos trabalhos da Assembleia Constituinte*, 3 vol., Rio de Janeiro, Imprensa Nacional, 1947.

LIMA OLIVEIRA João Alberto de, *A gênese do texto da Constituição de 1988*, Brasília, Senado Federal, Coordenação de Edições Técnicas, 2013.

OLIVEIRA Mauro Marcío, *Fontes de informações sobre a Assembleia Nacional Constituinte de 1987: quais são, onde buscá-las e como usá-las*, Brasília, Senado Federal, Subsecretaria de Edições Técnicas, 1993.

PILATTI Adriano, *A Constituinte de 1987-1988. Progressistas e Conservadores. Ordem Econômica e Regras do Jogo*, Rio de Janeiro, PUC/Lumen Juris, 2008.

SILVA José Afonso da, *Comentário Contextual à Constituição*, São Paulo, Malheiros, 7e éd., , 2010.

SILVA José Afonso da, *Curso de Direito Constitucional Positivo*, São Paulo, Malheiros, 2015.

http://imagem.camara.gov.br/constituinte_principal.asp
http://www.senado.gov.br/publicacoes/anais/asp/CT_Abertura.asp
http://www6g.senado.gov.br/apem/search
http://www.senado.gov.br/publicacoes/GeneseConstituicao/file:///C:/Documents%20and%20Settings/admp08_user/Meus%20documentos/Downloads/ulysses_guimaraes%20(1).pdf
http://www.senado.leg.br/publicacoes/anais/constituinte/sistema.pdf
http://www.senado.leg.br/publicacoes/GeneseConstituicao/pdf/genese-cf-1988-1.pdf

TABLE DES MATIÈRES

Amérique latine

aux éditions L'Harmattan

Dernières parutions

POLITIQUE ÉTRANGÈRE DU BRÉSIL AU XXIe SIÈCLE
L'action autonomiste et universaliste d'une puissance mondialisée
Muxagato Bruno - Préface de Georges Couffignal
Lors de la dernière décennie, le Brésil a opéré une projection internationale sans précédent dans l'histoire du pays, essentiellement grâce à l'action diplomatique volontariste du président Lula. La politique extérieure brésilienne a combiné les relations Sud-Nord et Sud-Sud, dans le but d'affirmer le pays en tant qu'acteur global. L'auteur se propose ici d'explorer la question centrale de l'insertion du géant sud-américain dans le jeu mondial.
(Coll. Recherches Amériques latines, 35.00 euros, 346 p.)
ISBN : 978-2-343-05860-3, ISBN EBOOK : 978-2-336-37616-5

LE DÉMANTÈLEMENT DU BUDGET PARTICIPATIF DE PORTO ALEGRE ?
Démocratie participative et communauté politique
Langelier Simon
Le budget participatif de Porto Alegre au Brésil est fréquemment cité en exemple comme modèle de prédilection offrant une alternative crédible à la démocratie libérale. En donnant accès à ce nouvel espace public aux citoyens, il a redéfini notre conception de la communauté politique et notre rapport avec le pouvoir. Mais, plus de vingt-cinq ans après sa création, que reste-t-il de ce modèle de démocratie participative ?
(Coll. Recherches et documents Amériques latines, 26.00 euros, 248 p.)
ISBN : 978-2-343-05970-9, ISBN EBOOK : 978-2-336-37797-1

MYTHES, RITUELS ET POLITIQUE DES INCAS DANS LA TOURMENTE DE LA CONQUISTA
Szemínski Jan, Ziółkowski Mariusz - Avant-propos de Nathan Wachtel
Traduction en français du polonais et de l'espagnol d'Arnold Lebeuf
À la différence d'autres bâtisseurs d'empires, les Incas ne disposaient d'aucune supériorité technique ou militaire significative sur les peuples qu'ils soumirent ou contrôlèrent. Leur succès s'ancrait dans une habile politique et une propagande efficace dont la doctrine religieuse impériale formait le noyau. Les deux auteurs, philologue et archéologue, étudient les mythes, rites et univers politique des Incas, éclairent les causes supposées de l'effondrement de leur empire.
(Coll. Horizons Amérique Latine, 39.00 euros, 440 p.)
ISBN : 978-2-343-03160-6, ISBN EBOOK : 978-2-336-37347-8

LES MAPUCHE À LA MODE
Modes d'existence et de résistance au Chili, en Argentine et au-delà
Sous la direction de Ricardo Salas-Astrain et Fabien Le Bonniec
Les treize essais réunis ici détaillent les caractéristiques principales du monde socioculturel mapuche au Chili et en Argentine, montrant la revitalisation de leurs ressources sociales et politiques pour s'imposer en tant que protagonistes de leur insertion dans le monde contemporain.
(Coll. Esthétiques, 31.00 euros, 298 p.)
ISBN : 978-2-343-05031-7, ISBN EBOOK : 978-2-336-37415-4

LES DROITS INDIGÈNES EN AMÉRIQUE LATINE
Sous la direction d'Arnaud Martin
La découverte de l'Amérique latine en 1492 marqua, pour les peuples amérindiens, le début d'une longue descente aux enfers. Massacrées, réduites en esclavage ou condamnées à choisir entre l'exclusion et l'assimilation, les populations indigènes semblaient condamnées à disparaître. Cinq siècles plus tard, le constat est tout autre et l'on peut parler d'un «retour des peuples indigènes». Le droit international et interne reflète cette transformation, reconnaissant la légitimité des droits indigènes et leur accordant une protection imparfaite, mais qui constitue un progrès considérable.
(Coll. Droit comparé, 32.00 euros, 318 p.)
ISBN : 978-2-343-05658-6, ISBN EBOOK : 978-2-336-37443-7

LA COOPÉRATION MÉDICALE INTERNATIONALE DE CUBA
L'altruisme récompensé
Howlett - Martin Patrick
Alors que les facultés de médecine cubaines forment gratuitement des milliers d'étudiants issus de milieux défavorisés des pays du Sud, Cuba dispose aujourd'hui d'un nombre de personnel de santé en mission d'assistance à l'étranger plus élevé que toutes les nations du G8 réunies. Si ces services médicaux sont aujourd'hui monnayés auprès des pays qui ont la capacité financière de les rémunérer, l'altruisme et l'internationalisme à l'origine de cette coopération prédominent toujours.
(Coll. Inter-National, 21.00 euros, 214 p.)
ISBN : 978-2-343-06038-5, ISBN EBOOK : 978-2-336-37424-6

ÊTRE NOIR AU BRÉSIL AUJOURD'HUI
Identités et mémoires en mutation
Sous la direction d'Ewa Bogalska-Martin
Traditionnellement, l'identité nationale au Brésil fut construite autour de l'idée de démocratie raciale, allant de pair avec le développement d'une «spécificité positive» du peuple brésilien issu du métissage entre Blancs, Noirs et Indiens. Or, sous l'impulsion du président Lula, le pays connaît un tournant dans le traitement de la question ethnique. La préservation des minorités invisibles dans l'histoire et la culture brésilienne officielle s'exprime aujourd'hui avec force.
(Coll. La Librairie des Humanités, 24.00 euros, 352 p.)
ISBN : 978-2-343-05345-5, ISBN EBOOK : 978-2-336-37141-2

PRATIQUE DE LA CAPOEIRA EN FRANCE ET AU ROYAUME-UNI
Granada da Silva Ferreira Daniel
Préface de Stefania Capone et Matthias Röhrig Assunção
La capoeira, cet art martial d'origine afrobrésilienne, est en pleine vigueur au XXIe siècle dans plusieurs pays de par le monde. Le présent ouvrage analyse les processus de transnationalisation de la capoeira en France et en Angleterre. Si son expansion accompagne l'émigration de Brésiliens en quête de meilleures conditions de vie et de travail à l'étranger, mais elle s'appuie également en grande partie sur l'appropriation et l'adaptation des pratiquants locaux.
(Coll. Inter-National, 29.00 euros, 280 p.)
ISBN : 978-2-343-05209-0, ISBN EBOOK : 978-2-336-37159-7

LES FRANÇAIS AU MEXIQUE
XVIIIe-XXIe SIÈCLE (Volume 1)
Migrations et absences
Sous la direction de Javier Pérez Siller et Jean-Marie Lassus
Quarante chercheurs dressent un bilan sur le sens de trois siècles de présence française au Mexique. Flux migratoires, transferts de savoirs et techniques, marginalité des migrants ou leurs réseaux, leurs traces, négoces, institutions ; fictions, représentations et conflits d'interprétations -plus qu'un simple inventaire, ce volume questionne le phénomène migratoire, multiplie les approches patrimoniales, régionales, militaires, démographiques et politiques, témoins d'une aventure tant individuelle que collective.
(Coll. Recherches Amériques latines, 40.00 euros, 416 p.)
ISBN : 978-2-343-05608-1, ISBN EBOOK : 978-2-336-37041-5

LES FRANÇAIS AU MEXIQUE – XVIIIe-XXIe SIÈCLE (Volume 2)
Savoirs, réseaux et représentations
Sous la direction de Javier Pérez Siller et Jean-Marie Lassus
40 chercheurs dressent un bilan sur le sens de trois siècles de présence française au Mexique. Ce second volume rend compte de la circulation des savoirs et de l'évolution des pratiques dans les domaines des sciences de l'éducation, de la géographie, l'histoire des «antiquités mexicaines», des utopies politiques - dans lesquels les Français ont pris une part peu commune. La dernière partie revisite les fictions et représentations dans les domaines littéraire ou artistique.
(Coll. Recherches Amériques latines, 48.00 euros, 498 p.)
ISBN : 978-2-343-05607-4, ISBN EBOOK : 978-2-336-37040-8

LE DROIT DES DROITS
De l'application des droits fondamentaux en Colombie au prisme du droit comparé
Bernal Pulido Carlos
Les nouvelles constitutions promulguées en Amérique latine à partir de la dernière décennie du XXe siècle, comme celle de Colombie de 1991, ont entraîné des transformations sans précédent dans la structure et le fonctionnement du droit des pays de la région. Le changement le plus important est celui relatif aux droits fondamentaux. De nos jours, ce n'est plus le droit qui est la mesure des droits, mais les droits qui sont la mesure du droit. Les droits fondamentaux sont

le prisme à travers lequel il faut interpréter tout le droit ordinaire ; le droit latino-américain d'aujourd'hui est ainsi le droit des droits.
(Coll. Droit comparé, 37.50 euros, 372 p.)
ISBN : 978-2-343-04835-2, ISBN EBOOK : 978-2-336-36848-1

LA REPRÉSENTATION DU SUJET NOIR DANS L'HISTORIOGRAPHIE COLOMBIENNE
Le cas de Carthagène des Indes (1811-1815)
Montes Montoya Angélica
Quelle est l'image de la population noire dans le récit historique des Indépendances en Amérique latine et comment cette image a-t-elle été construite ? Cet essai montre, à partir du cas colombien, quelle représentation des Noirs a été fabriquée par ses historiens du XXe siècle, et interroge la contextualisation des discours historiques, la relation entre récit historique et parcours de l'historien, et les conséquences des discours historiques dans l'ordre du politique comme des représentations socio-raciales.
(Coll. Recherches Amériques latines, 15.50 euros, 154 p.)
ISBN : 978-2-343-05327-1, ISBN EBOOK : 978-2-336-36924-2

CHILI 1973-2013
Mémoires ouvertes
Sous la direction de Hélène Finet et Francis Desvois
Le coup d'État militaire du 11 septembre 1973 contre Salvador Allende a fortement divisé la société chilienne. Les tensions entre les différents partis politiques accompagnent les divergences entre «ceux de l'intérieur» et les exilés. Pour ces derniers, le conflit de générations produit une dialectique inédite entre la fidélité à l'avant et là-bas des parents et un ici et maintenant occidentalisé. Cet ouvrage questionne un pays sur lequel planent l'ombre omniprésente du président Salvador Allende et le souvenir de Pablo Neruda, mort quelques jours après le coup d'État.
(Coll. Recherches Amériques latines, 17.50 euros, 176 p.)
ISBN : 978-2-343-05407-0, ISBN EBOOK : 978-2-336-36768-2

ADOPTIONS, DONS ET ABANDONS AU MEXIQUE ET EN COLOMBIE
Des parents vulnérables
Sous la direction de Françoise Lestage et Maria-Eugenia Olavarria
Depuis les années 1990, les études sur la parenté ont connu un nouvel essor en Europe et aux États-Unis tout en empruntant d'autres voies que celles de l'anthropologie «classique» : le genre, la sexualité ou les représentations de la conception et du corps. Les textes de ce volume participent de ce renouveau et affirment également l'intérêt de relier deux champs de l'anthropologie : la parenté d'une part, la migration et les études interethniques de l'autre. L'étude est conduite au Mexique et en Colombie.
(Coll. Recherches Amériques latines, 22.00 euros, 220 p.)
ISBN : 978-2-343-05147-5, ISBN EBOOK : 978-2-336-36509-1

L'HARMATTAN ITALIA
Via Degli Artisti 15; 10124 Torino
harmattan.italia@gmail.com

L'HARMATTAN HONGRIE
Könyvesbolt ; Kossuth L. u. 14-16
1053 Budapest

L'HARMATTAN KINSHASA
185, avenue Nyangwe
Commune de Lingwala
Kinshasa, R.D. Congo
(00243) 998697603 ou (00243) 999229662

L'HARMATTAN CONGO
67, av. E. P. Lumumba
Bât. – Congo Pharmacie (Bib. Nat.)
BP2874 Brazzaville
harmattan.congo@yahoo.fr

L'HARMATTAN GUINÉE
Almamya Rue KA 028, en face
du restaurant Le Cèdre
OKB agency BP 3470 Conakry
(00224) 657 20 85 08 / 664 28 91 96
harmattanguinee@yahoo.fr

L'HARMATTAN MALI
Rue 73, Porte 536, Niamakoro,
Cité Unicef, Bamako
Tél. 00 (223) 20205724 / +(223) 76378082
poudiougopaul@yahoo.fr
pp.harmattan@gmail.com

L'HARMATTAN CAMEROUN
TSINGA/FECAFOOT
BP 11486 Yaoundé
699198028/675441949
harmattancam@yahoo.com

L'HARMATTAN CÔTE D'IVOIRE
Résidence Karl / cité des arts
Abidjan-Cocody 03 BP 1588 Abidjan 03
(00225) 05 77 87 31
etien_nda@yahoo.fr

L'HARMATTAN BURKINA
Penou Achille Some
Ouagadougou
(+226) 70 26 88 27

L'HARMATTAN SÉNÉGAL
10 VDN en face Mermoz, après le pont de Fann
BP 45034 Dakar Fann
33 825 98 58 / 33 860 9858
senharmattan@gmail.com / senlibraire@gmail.com
www.harmattansenegal.com

www.ingramcontent.com/pod-product-compliance
Lightning Source LLC
LaVergne TN
LVHW010934061026
849535LV00007B/2388

* 9 7 8 2 3 4 3 1 2 1 4 1 3 *